営業秘密防衛
Q&A

内部不正による情報漏洩リスクへの実践的アプローチ

弁護士 **田中勇気**

はしがき

　近年、新日鉄住金とポスコの紛争事件に代表されるような、企業の基幹技術に関する大型の情報漏えい事件が相次いで問題になっています。それら事件の多くでは、在職中に機密情報へアクセスできた退職者による漏えい行為がかかわっています。現にどの統計を見ても、漏えい原因の上位には、従業員をはじめとする内部者による漏えい行為があげられています。

　このような情報漏えい事件の実態を直視したうえで、自社の営業秘密その他機密情報をいかに内部不正から防衛するのか、その現実的な対策・アプローチを解説することを、本書の目的としています。

　情報漏えいに関する内部不正対策をテーマとした書籍には、筆者もその作成に携わった「秘密情報の保護ハンドブック」（経済産業省、平成28年2月）をはじめとして、網羅的かつ詳細に解説した優れた類書がすでに多数存在しますので、本書では、そのような解説は意図しておりません。むしろ、法律の専門家ではない方々が、内部不正からの営業秘密防衛策を、実際に現場で無理なく落とし込めるよう、実務の勘所に絞って解説を試みました。

　そこで、まずは営業秘密保護法制の動向と平成27年改正の背景に軽く触れたうえで、内部不正者の典型である退職者の情報漏えいに対する防衛策について、転職元・転職先企業の双方の立場から解説する構成としています。

　次に、準内部者ともいえる取引先の情報漏えい等に対する防衛策について、退職者に対する防衛策との主な相違点を踏まえ、さらには取引先情報の混入（コンタミネーション）の問題も視野に入れつつ、ポ

イントや留意点を具体例も交えて解説しました。

　情報漏えいに関する内部不正対策の構築においては、得てして「法律はわかったが、何をすればいいかがわからない」「何をすればいいかはわかったが、実務では重過ぎて落とし込めない」などという事態に陥りがちです。本書で説明する実務上の勘所を押さえることによって、少しでも現場の方々の悩みが晴れるなら、筆者としては望外の喜びです。

　本書の執筆にあたっては、筆者が現在所属するアンダーソン・毛利・友常法律事務所の先輩・同僚弁護士のほか、「秘密情報の保護ハンドブック」の作成にかかわる経済産業省の研究会の委員・事務局の方々、実際の情報漏えい事件でさまざまな悩みを共有させていただいたクライアントのみなさま、さらには営業秘密防衛策をテーマとした筆者のセミナーに出席された各企業ご担当者の知見を参考とさせていただいておりますことをここに記し、感謝の意を表します。もとより、本書中の意見にわたる部分は、筆者の現時点における個人的見解にすぎず、その誤りはすべて筆者個人の責任に帰するものです。

　最後に、遅々として進まない本書の執筆を優しく促してくださった経団連出版の讃井暢子氏、高橋清乃氏、幾度にもわたる本書の校正を粘り強く手伝ってくれたアンダーソン・毛利・友常法律事務所の秘書・伊藤史織さん、さらには本書の執筆のために少なからぬ休日の時間を割いていた私を常に暖かく見守ってくれていた妻子に対して、心からお礼を申し上げます。

平成28年12月
弁護士　田中　勇気

目 次

はしがき

第1章　営業秘密保護法制の動向と改正の背景 …… 9

1　営業秘密保護法制をめぐる背景事情 …………… 10

Q1　近時、営業秘密の重要性が改めて見直されてきているようですが、どのような背景があるのでしょうか………………… 10

Q2　近時、営業秘密の漏えいが問題になった著名な事例を教えてください。共通の特徴などはあるのでしょうか ………………… 11

Q3　営業秘密の漏えい原因としては、どのようなものが多いのでしょうか………………………………………………………… 12

Q4　近時の著名な情報漏えい事件はしばしば「氷山の一角」といわれます。それはなぜでしょうか ……………………………… 14

2　営業秘密保護法制の動向 ………………………… 16

1．平成27年改正法の概要 ……………………………… 16

Q5　近時の情報漏えい事件を踏まえて行なわれたとされる平成27年の営業秘密保護法制の改正概要を教えてください …………… 16

2．民事面での改正のポイント ………………………… 18

Q6　規制対象はどのように拡大されたのでしょうか ……………… 18

Q7　サンクションの強化・実効性確保のために、どのような措置が導入されたのでしょうか …………………………………… 19

3．刑事面での改正のポイント ………………………… 21

Q8　規制対象はどのように拡大されたのでしょうか ……………… 21

Q9　サンクションの強化・実効性確保はどのようになされたのでしょうか………………………………………………………… 23

4．改正前後における実務動向 ………………………… 24

Q10　平成27年改正法施行前後における実務動向の特徴を教えてください……………………………………………………… 24

第2章　退職者の情報漏えいに対する防衛策 …… 27

1　退職者の情報漏えいに関する法規制の概要 …… 28

Q11　どういう情報が「営業秘密」として保護されるのでしょうか。平成27年改正法の施行前後で変わった点は何ですか …… 28

Q12　退職者自身に対する法規制のポイントはどのようなものですか … 31

Q13　転職先に対する法規制のポイントはどのようなものですか …… 33

2　転職元の実務対応 …… 36

1．事前対応策 …… 36

Q14　転職元における事前対応策としては何がポイントになるのでしょうか …… 36

Q15　記録媒体の持出し困難化がもっとも重要なのはなぜですか。どのような対策を講じればよいですか …… 40

Q16　アクセスの制御が、記録媒体の持出し困難化に次いで重要なのはなぜですか。どのような対策を講じればいいのでしょうか …… 43

Q17　視認性確保が、記録媒体の持出し困難化やアクセスの制御に次いで重要なのはなぜですか。どのような対策を講じればいいのでしょうか …… 45

Q18　3つの優先対策を実務で落とし込むには、どのようにメリハリをつけるのですか …… 48

2．退職者を対象とする事後対応策 …… 50

Q19　退職者に対してとるべき事後対応策のポイントは何でしょうか … 50

Q20　退職者による記録媒体の持出しが問題となる場合にはどのように対応したらよいのでしょうか …… 51

Q21　退職者による記録媒体の持出しが認められない（持出しが問題とならない）場合の対策は何でしょうか …… 53

Q22　競業避止義務を定めるうえでのポイントは何でしょうか …… 55

Q23　海外では「ガーデン・リーブ」が営業秘密防衛策の一つとしてよく使われているようですが、どのような制度ですか。日本の会社でも有用なものでしょうか …… 58

3．転職先を対象とする事後対応策 ……………………………… 60
Q24　転職先に対してとるべき事後対応策のポイントは何でしょうか … 60

3　転職先の実務対応　62

Q25　転職先の実務対応における最大のポイントは何ですか ……… 62
Q26　中途採用者から転職元の営業秘密等を含んだ記録媒体を受け取ってしまった場合、転職先はどう対応したらいいのでしょうか … 64
Q27　中途採用者の「頭のなか」に残る転職元の営業秘密等については、どのように対応すればよいでしょうか …………………… 65
Q28　中途採用者の「頭のなか」に残る転職元の営業秘密等について、実務上の対応がむずかしい場合はどうすればよいのでしょうか … 67

第3章　取引先の情報漏えい等に対する防衛策　69

1　取引先の情報漏えいに対する防衛策　70

1．事前対応策 ……………………………………………………… 70
Q29　取引先の情報漏えいに対する事前対応策の特徴とポイントは何でしょうか ……………………………………………………… 70
Q30　取引先に対するアクセスの制御のための対策例としては、どのようなものがありますか ……………………………………… 72
Q31　取引先に対して競業避止義務を課す場合のポイントには、どのようなものがありますか ……………………………………… 74

2．事後対応策 ……………………………………………………… 75
Q32　取引先の情報漏えいに対する事後対応策のポイントは何でしょうか …………………………………………………………… 75

2　取引先の情報の混入に対する防衛策　77

Q33　他社情報の混入を防止するポイントは何でしょうか ………… 77
Q34　他社情報を含む記録媒体の分別管理方法には、どのようなものがありますか ……………………………………………………… 78
Q35　自社従業員の「頭のなか」に残る他社情報の分別管理方法には、どのようなものがありますか …………………………………… 79

Q36 共同研究開発の対象を契約書に定める際の留意点を教えてください 81

第4章　営業秘密防衛策実現のポイント 83

Q37 内部不正からの営業秘密防衛策を現実的なものに仕上げるポイントは何でしょうか 84

第5章　資　　料 85

各種契約書等の参考例
(「秘密情報の保護ハンドブック」参考資料2) 86

表紙デザイン——矢部　竜二

第1章
営業秘密保護法制の動向と改正の背景

1　営業秘密保護法制をめぐる背景事情

Q1.
近時、営業秘密の重要性が改めて見直されてきているようですが、どのような背景があるのでしょうか

> Point
> いわゆる「オープン＆クローズ戦略」の一環として、あえて特許出願を選択せずに秘匿化される機密情報が増加していることや、終身雇用制の崩壊に伴う人材の流動性の高まりにより、退職者を通じた情報漏えいの危険性が増していることなどがあげられます。

　日本企業の、とりわけ製造業においては元来、特許出願になじみにくい高度な技術ノウハウが競争力の源泉となってきたといわれています。加えて近時、日本企業の活動は知的財産権の保護水準が必ずしも高いとはいえない新興国にも拡大してきていますが、このような新興国における侵害リスクに対応すべく、特許出願をしても十分な保護が期待できない場合には、むしろあえて特許出願を選択せずに秘匿化することで、自社の知的財産たる機密情報を保護しようとする例が増えてきました。

　このようにあえて特許出願せずに秘匿化される機密情報が増加しているなか、終身雇用制の崩壊などにより人材の流動性の高まっていることから、従前であれば、機密情報に触れる人材の囲い込みにより実現できていた漏えい防止策が機能しなくなっており、退職者を通じた情報漏えいの危険性が増しています。

　以上のような背景のもとで、機密情報を営業秘密として保護する重要性が改めて見直されているのです。

Q2.
近時、営業秘密の漏えいが問題になった著名な事例を教えてください。共通の特徴などはあるのでしょうか

> Point
> 企業間の巨額賠償訴訟にまで発展した新日鉄住金とポスコの事件や、元役員の逮捕に至った日本ペイントの事件などがあります。いずれも、在職中に基幹技術へアクセスできた退職者が情報漏えいにかかわっています。

　近年、新日鉄住金とポスコの紛争事件に代表されるような、企業の基幹技術に関する大型の情報漏えい事件が相次いで明るみに出ました。このような情報漏えい事件の多くでは、新日鉄住金の例でもそうでしたが、在職中に基幹技術へアクセスできた退職者による情報漏えいがかかわっています。

　新日鉄住金の例では、開発に20年超を要した技術情報を元従業員が持ち出した結果、最終的には、競合他社であるポスコに漏えいし、ポスコは相応の時間とコストも要さず、その技術情報を利用して多額の売上を得ていました（図表1）。

　このような特徴は、営業秘密を持ち出した元役員の逮捕にまで発展した日本ペイントの事件にも見出されるもので、相次ぐ情報漏えい事件の表面化はどの企業にとっても他人事では済まされないものといえるでしょう。

図表1　営業秘密の持出しと情報漏えい

投資コスト

営業秘密の持出し
技術情報
（開発に20年超）

新日鉄住金
元従業員

情報漏えい
製鉄プロセス・
製鉄設備の
設計図など

多額の売上

Q3.
営業秘密の漏えい原因としては、どのようなものが多いのでしょうか

> Point
> 従業員や取引先など、もともとは漏えい対象となった営業秘密等に対して正当にアクセスできた内部者による漏えい行為が多いようです。

　営業秘密その他機密情報の漏えい原因を調査し、その結果を順位づけたものとしては、たとえば図表2、図表3があります。
　これらの結果からも明らかなとおり、漏えい原因の第1位は、従業員という内部者による漏えい行為となっています。
　これら内部者は、職務上与えられた権限によって営業秘密等にアクセスでき、かつその価値も十分に認識しているため、漏えい行為に対する誘引が強いことも一因と思われます。
　このようなランキング結果は、**Q2**のとおり、近時の著名な情報漏

図表2　技術ノウハウの流出パターン

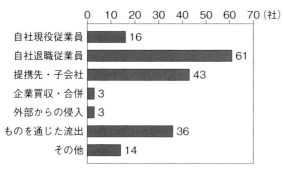

注：複数回答
出典：渡部俊也・平井祐理「日本企業の技術ノウハウの保有状況と流出実態に関する質問票調査」
　　　（RIETI Discussion Paper Series 16-J-014）15頁をもとに作成

えい事件に見出される特徴とも、よく符合するものです。

　なお、漏えい原因の第2位には、おおむね取引先など準内部者といえる者による漏えい行為があがっている点も注目に値します。

図表3　営業秘密の漏えい者

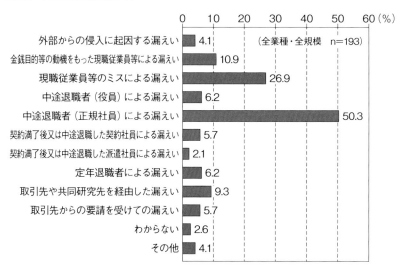

注：1．過去5年間で営業秘密の漏えい事例が明らかにあったと回答した企業のみ回答
　　2．複数回答式の設問のため、各選択肢の割合の合計は100％にならない
出典：平成24年度経済産業省委託調査・三菱UFJリサーチ＆コンサルティング「人材を通じた技術流出に関する調査研究報告書（別冊）」（平成25年3月）53頁をもとに作成

Q4.
近時の著名な情報漏えい事件はしばしば「氷山の一角」といわれます。それはなぜでしょうか

Point

> 情報漏えいが発覚したとしても、それが常に外部に公開されるとは限らず、また、そもそも中小企業では有効な対策が講じられていないことから、十分に検知できていない可能性もあるからです。

　Q2で紹介したように近年、新日鉄住金とポスコの紛争事件に代表されるような、企業の基幹技術に関する大型の情報漏えい事件が相次いで明るみに出ています。

　これらの著名な情報漏えい事件に関しては巷間、氷山の一角にすぎないといわれることがよくありますが、筆者の実務経験を通した実感としても同様です。そしてそれを裏づけるような調査結果が、図表4に示されています。

　図表4からは、情報漏えい事例が発覚したとしても、これを組織内で解決できた場合に、その詳細を外部に公開する企業は、大企業であっても2割強、中小企業では1割にも満たない状況が見てとれます。公開に積極的と思われる大企業でも、「場合によっては公開する」を合わせても6割強にとどまります。そして外部への公開に消極的となる理由として、「重要情報の漏えいが拡大する可能性があるから」「自組織に対する否定的な評判が広まる可能性があるから」などがあげられています。

　加えて、中小企業では内部不正対策に関する方針やルールが存在しないと回答した企業が6割を超えているという調査結果もあります（情報処理推進機構（IPA）「内部不正による情報セキュリティインシデント実態調査―調査報告書」（2016年3月3日）18頁参照）。そのた

め、仮に情報漏えい事件が発生していたとしても、それらを十分に検知できていない可能性も十分にあります。

現在、明るみに出ている情報漏えい事件は氷山の一角にすぎず、実態はもっと多く存在する可能性があると思ったほうがよいでしょう。

図表4　内部不正発生時の公開の有無と公開しない理由

①公開の有無

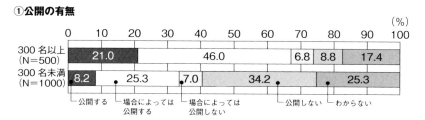

②公開しない理由

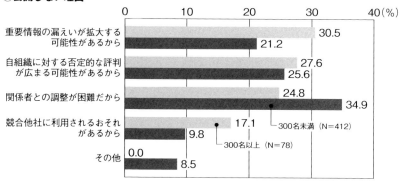

注：回答は企業規模別／経営者・システム管理者のみ
出典：情報処理推進機構（IPA）「内部不正による情報セキュリティインシデント実態調査—調査報告書」（2016年3月3日）37頁をもとに作成

2　営業秘密保護法制の動向
1．平成27年改正法の概要

Q5.
近時の情報漏えい事件を踏まえて行なわれたとされる平成27年の営業秘密保護法制の改正概要を教えてください

> Point
> 営業秘密の保護強化のために、規制対象行為を拡大し（網を広げる）、制裁の強化・実効性確保（網にかかったものに効果的な制裁を課す）がはかられました。

　平成27年7月に、営業秘密保護規制を定める不正競争防止法が改正されました。この平成27年改正は、さらなる情報漏えい事件を防止するため、営業秘密の保護を強化することを目的とし、民事・刑事面の双方において規制対象行為の拡大と制裁の強化・実効性確保をはかるものです。その概要は、下記のとおりです。
　なお、平成28年1月1日をもってすべて施行済みとなっています。
【民事面】
①規制対象行為の拡大
・営業秘密侵害品の譲渡・輸出入等を追加
②制裁の強化・実効性確保
・生産技術等の不正使用について立証負担の軽減措置を導入
・不正使用差止め請求の期間制限を10年から20年に延長
【刑事面】
③規制対象行為の拡大
・営業秘密侵害品の譲渡・輸出入等を追加
・営業秘密の転得者（3次以降取得者）による不正使用・開示を追加

・未遂行為を追加
・国外犯処罰の範囲拡大（国外取得の追加・国外管理情報の対象化）
④制裁の強化・実効性確保
・罰金刑の上限引き上げ
　個人：1000万円⇒2000万円（国外流出類型は3000万円）
　法人：3億円⇒5億円（国外流出類型は10億円）
・犯罪収益の没収制度の導入
・非親告罪化

2．民事面での改正のポイント

Q6.
規制対象はどのように拡大されたのでしょうか

Point
> 一種の流通規制として、営業秘密侵害品の譲渡・輸出入等が規制対象に追加されました。

　差止め請求や損害賠償請求などの民事制裁の対象となる行為として、新たな類型が追加されました。具体的には、営業秘密それ自体の「取得」「使用」「開示」以外の新たな行為類型として、営業秘密侵害品の譲渡・輸出入等が規制対象に追加されました。

　この新たな規制は、一種の流通規制といえるもので、流通業者に対しても、不正競争防止法の網が真正面からかかるようになったといえます。

　もっとも、流通を不当に阻害しないためのセーフティネットとして、営業秘密侵害品の譲受人による譲渡・輸出入等については、譲受時において故意・重過失がない場合には規制対象外とされています。

　以上を踏まえて、流通業者としては、営業秘密侵害品であることを知らなかったなどと主張できるような状況を確保する措置（たとえば譲渡人から営業秘密侵害品でないことの表明保証をしてもらうなど）を講じる必要が生じてきています。

Q7.
サンクションの強化・実効性確保のために、どのような措置が導入されたのでしょうか

> **Point**
> 生産技術等の不正使用について立証負担の軽減措置が導入されるとともに、不正使用差止め請求の期間制限が10年から20年に延長されました。この延長措置により、不正使用を理由とする損害賠償請求の対象範囲は、不正使用の開始時から10年間分の損害に限定されていたものが20年間分にまで拡大されました。

　民事制裁（サンクション）の実効性を確保する目的で、生産技術等に関する不正使用の事実について、立証負担の軽減措置が導入されました。

　従前から損害額の立証負担を軽減する措置は存在したものの、そもそも、損害額の立証問題に入る手前において、営業秘密の「使用」を立証することがむずかしく、特に不正使用を疑われる者が実際にどのような生産技術を用いているかは、外部から容易に把握することはできませんでした。

　そこで、営業秘密のうち生産技術等に限り、その不正取得が立証された場合は、当該生産技術等の使用により生産できる不正取得者の製品は、不正取得者が当該生産技術等を「使用」して生産したものと推定されることとなりました。

　たとえば、転職元の生産技術と知りつつ、これを退職者から取得（＝不正取得）した転職先のライバル製品は、転職元の生産技術を使用して生産されたものと推定されることになります。その結果、転職先は、転職元の生産技術とは異なる独自の生産技術を使用して生産していることを立証する（推定を覆す）必要が生じます（図表5）。

　このような立証軽減措置は、転職元にとっては実務上もかなり期待

第1章◆営業秘密保護法制の動向と改正の背景　**19**

がもてるものと考えられます。言い換えれば、転職先にとっては、中途採用のリスクが高まることを意味しており、新たな実務対応が要請されます（**Q25**以下参照）。

　このほか、不正使用差止め請求の期間制限（除斥期間）が10年から20年に延長されました。

　この延長措置は、不正使用を理由とする損害賠償請求の対象範囲をも拡大する点（不正使用の開始時から10年間分の損害に限定されていたものが20年間分にまで拡大される）がポイントです。なぜなら、不正使用差止め請求の期間制限がかかった時点以降の不正使用によって生じた損害については、賠償請求できないものとされているからです。

図表5　生産技術の不正使用に関する立証責任の転換

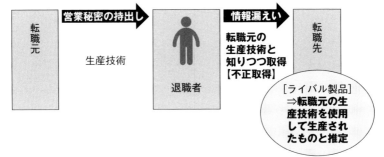

3．刑事面での改正のポイント

Q8.
規制対象はどのように拡大されたのでしょうか

> **Point**
> 退職者による情報漏えいが相次ぐなか、規制対象として、民事と同様に営業秘密侵害品の譲渡・輸出入等という新たな類型が追加され、あわせて営業秘密の転得者（3次以降取得者）による不正使用・開示も追加された点が特に重要です。

　刑事面における改正項目は多岐にわたりますが、退職者による情報漏えいが相次いでいるという背景のもとで特に重要な点は、刑事処罰の対象となる行為として、民事と同様に営業秘密侵害品の譲渡・輸出入等という新たな類型が追加されるとともに、営業秘密の転得者（3次以降取得者）による不正使用・開示も追加されたことです。

　ここでいう転得者（3次以降取得者）とは、たとえば転職元から在職中に営業秘密を示されていた退職者を1次取得者としたうえで、その1次取得者から直接開示された者（2次取得者。転職先など）からさらに開示を受けて取得した者以降を指します。

　このような転得者（3次以降取得者）については従来、民事上はともかく、刑事上は真正面からは処罰対象とされていませんでした（共犯処罰のみ）。

　しかしながら、情報技術の進展により、営業秘密がいったん漏れてしまうと転々流通する危険性が高まっていることを踏まえると、処罰対象を1次取得者や2次取得者に限定することが実態に合わなくなっており今般、処罰対象として追加されたものです（図表6）。

図表6 転得者(第3次以降取得者)への処罰拡大

**不正開示された営業秘密であることを知って取得した場合、
第3次取得者以降の者の不正使用・開示も処罰の対象**
(事情を知らない第三者が介在した以降も、不正開示がなされた
営業秘密であることを知って取得した者は処罰の対象となる)

出典:経済産業省知的財産政策室「平成27年不正競争防止法の改正概要」4頁

Q9. サンクションの強化・実効性確保はどのようになされたのでしょうか

> **Point**
> 罰金刑の上限が引き上げられる（国外流出類型ならさらに重い罰金刑を科す）とともに、「やり得」を防ぐために犯罪収益の没収制度が導入されました。

　刑事制裁の強化・実効性確保の目的で、罰金刑の上限を個人・法人ともに一律で引き上げるとともに、国外流出類型（国外使用／その目的が絡む場合）にはさらに重い処罰とすること（海外重課）が定められました。具体的には、個人の場合は1000万円から2000万円に（国外流出類型は3000万円）、法人の場合は3億円から5億円（国外流出類型は10億円）となりました。

　加えて、犯罪収益の没収制度が導入されました。

　罰金刑については、罪刑法定主義のもと、どうしても上限を付さざるをえないという事情があります。そのため、たとえば情報漏えいの報酬として5000万円もらった個人からすれば、上限いっぱいの罰金刑である3000万円が科されたとしても、なお2000万円は「やり得」になりかねません。しかし、この没収制度のもとでは、犯罪収益を上限なく全額没収することも可能となりますので、このような「やり得」を防止できるようになります。

　その意味で、犯罪収益の没収制度については、かなりの抑止効果が期待できると思われます。

4．改正前後における実務動向

Q10.
平成27年改正法施行前後における実務動向の特徴を教えてください

> **Point**
> 営業秘密管理指針の全面改訂および「秘密情報の保護ハンドブック」の公表により、「営業秘密」の3要件の一つである秘密管理性に関して、従来の厳しい解釈態度が緩和されつつあります。

　平成27年改正法施行前後における主な実務の動向は、図表7のとおりです。このうち特に重要なのは、営業秘密保護法制に関する平成27年改正法の施行（平成28年1月1日より全面施行）に関連して、平成27年1月には営業秘密管理指針が全面改訂され、平成28年2月には「秘密情報の保護ハンドブック」が公表された点です。

図表7　改正法施行前後の実務の動向

〔平成27年〕
1月	「技術情報等の流出防止に向けた官民戦略会議」開催
	「営業秘密管理指針」全部改定
2月	INPIT「営業秘密110番」設置
7月	第1回「営業秘密官民フォーラム」開催
	改正不正競争防止法の公布
9月～	「秘密情報の保護ハンドブック」検討（研究会の設置、産構審の開催）

〔平成28年〕
1月	改正不正競争防止法施行
	全国の都道府県警本部に「営業秘密保護対策官」66名設置
2月	「秘密情報の保護ハンドブック」公表
5月	逐条解説「不正競争防止法～平成27年改正版」公表
6月	改正関税法（営業秘密侵害品の輸出入禁制品への追加）施行
	第2回「営業秘密官民フォーラム」開催

出典：経済産業省知的財産政策室「第2回営業秘密官民フォーラム・営業秘密保護・活用に関する最近の動き」3頁をもとに作成

これらにより、「営業秘密」の3要件の一つである秘密管理性に関して、大企業ですら実施が困難とされる「鉄壁の防御」を求めるような厳しい解釈態度が緩和されつつあります（**Q11**参照）。

第2章

退職者の情報漏えいに対する防衛策

1　退職者の情報漏えいに関する法規制の概要

Q11.
どういう情報が「営業秘密」として保護されるのでしょうか。平成27年改正法の施行前後で変わった点は何ですか

> **Point**
> 秘密管理性、有用性、非公知性の3要件を満たす情報のみが「営業秘密」として不正競争防止法による強力な保護を受けられることになります。平成27年改正法の施行前後において、特に秘密管理性に関する解釈の合理化をはかる各種試みが実施されました。具体的には、これまで厳格すぎた秘密管理性の解釈を緩和するための営業秘密管理指針の全面改訂等が行なわれ、それに呼応する形で裁判実務にも有意な変化が表われつつあります。

　情報漏えいへの実務対策を考えるうえでまず問題となるのは、漏えい対象となる機密情報が「営業秘密」に該当するかどうかです。営業秘密該当性が認められないのであれば、不正競争防止法に定められた強力な民事・刑事制裁の対象となりえず、契約上の守秘義務などだけでは必ずしも有効な救済をはかりえないからです。

　営業秘密とは、①秘密として管理されている（秘密管理性）、②事業活動に有用な技術上／営業上の情報であって（有用性）、③公然と知られていないもの（非公知性）です。

　このような営業秘密の3要件のうち、裁判でよく問題となるのが秘密管理性と非公知性の要件です。なかでも実務上特に重要なのが、秘密管理性の要件です。その法解釈について大きな争いがあり、過去の裁判例において営業秘密該当性を否定する理由としてしばしばあげられてきました。

　秘密管理性の要件をめぐっては、平成27年1月全面改訂前の営業秘

密管理指針（「旧指針」）のもと、長らく裁判例に誤解と混乱が生じていました。すなわち旧指針では、「アクセス制限」と「（問題となる情報が営業秘密であるとの）認識可能性」の2つが別個独立の判断要素として掲げられたうえで、特にアクセス制限に関連してさまざまな具体的対策がベスト・プラクティスを含めて紹介されていました。その結果、秘密管理性の要件を満たすうえで最低限必要な対策が不明となり、少なからぬ裁判例において、大企業ですら実施困難であるような「鉄壁の防御」が必要であるとの誤解・混乱が生じていました。

このような解釈上の誤解・混乱を解消すべく、平成27年1月に旧指針が全面改訂され、改訂後の営業秘密管理指針（「新指針」）のもとでは、認識可能性のみを主たる判断要素として掲げ直すこととなりました。具体的には、認識可能性を担保するレベルの秘密管理措置がなされていれば足りるとされた結果、アクセス制限は認識可能性を担保する一手段として位置づけられ、認識可能性を満たす場合には、アクセス制限が十分でないことを根拠に秘密管理性が否定されることはないことが明確にされました（図表8）。

そのうえで、旧指針で紹介されていた情報漏えい対策については、新指針とは別に、「秘密情報の保護ハンドブック」で紹介されることとなり、かつその対策は、そのすべてを実施しなければ秘密管理性の要件が否定されるというものではないこと、むしろ秘密管理性の要件を満たすために必要となる最低限の水準は新指針のなかで示されることが明確にされました。

図表8　秘密管理性の明確化
旧・営業秘密管理指針にもとづく解釈上の誤解と混乱
・アクセス制限　⇒　「鉄壁の防御」が必要？
・認識可能性
新・営業秘密管理指針にもとづく解釈の合理化
・認識可能性を主たる判断要素とする
　　　　　　↓
　認識可能性OKなら、アクセス制限が不十分でも秘密管理性OK

新指針では、たとえば機密情報を記録する紙媒体や電子媒体（「記録媒体」）についての秘密管理措置として、記録媒体の専用ファイルなどに「マル秘」など秘密である旨を表示することが例示されており（図表9）、これにより基本的には認識可能性が確保できるとされています。言い換えれば、キャビネットに施錠するなどの「鉄壁の防御」までを常に求めるものではないことが明確にされました。
　このような新指針の解釈は、あくまで行政解釈であり、裁判所の法解釈をただちに拘束するものではないものの、実務上相当の影響力を有するものであり、すでに実際の裁判実務においても、秘密管理性の要件が従来よりも認められやすく争点化しにくくなったなどの有意な変化が表われつつあります。

図表9　秘密管理措置の具体例

媒体の種類	典型的な管理方法
①紙媒体	・文書への「マル秘」表示 ・施錠可能なキャビネットや金庫等への保管　など
②電子媒体	・記録媒体への「マル秘」表示の貼りつけ ・電子ファイル名・フォルダ名への「マル秘」付記 ・営業秘密たる電子ファイルそのものまたは当該電子ファイルを含むフォルダの閲覧に要するパスワードの設定　など
③物件に営業秘密が化体している場合（製造機械や金型等）	・物件のある部屋の扉への「関係者以外立入禁止」の張り紙 ・写真撮影禁止の張り紙 ・営業秘密該当物件をリスト化し、閲覧・共有化
④媒体が利用されない場合	・営業秘密の特定性が確保される形で、当該情報の範囲・カテゴリーを口頭で伝達する方法も認められ得る。ただし、立証等の観点に立てば、リスト化・文書化等を通じて、できるだけ可視化することが必要となる

　注：同一の情報が、複数の媒体で存在する場合（たとえば、電子ファイルと紙媒体で存在する場合）、必ずしもすべての媒体に秘密管理措置がなされている必要はなく、「いずれかの媒体への秘密管理措置（マル秘表示等）によって当該情報についての秘密管理意思の認識可能性が認められる場合には、仮にそれ以外の媒体のみでは秘密管理意思を認識しがたいと考えられる場合であっても、秘密管理性は維持されることが通常」（指針12頁）である
出典：長井謙「営業秘密管理指針の全部改訂の解説」（NBL No.1045 63頁）

Q12.
退職者自身に対する法規制のポイントはどのようなものですか

> Point
>
> 退職者による転職元の営業秘密の使用・開示について、民事上では、特段の限定なく広く規制対象とされている一方で、刑事上では、処罰対象がかなり限定されており、実際上は、退職者による記録媒体の横領等の有無が、刑事処罰（その手前の刑事告訴受理）の分岐点になっています。

①民事上の規制

民事上は、退職者による転職元の営業秘密の使用・開示が、特段の限定なく広く規制対象とされています。このように特段の限定が施されていない点は、後述する刑事上の規制と対照的です。もっとも、当然ながら、退職者が競合他社に転職することそれ自体がただちに、転職元の営業秘密の不正使用・開示を意味するわけではないことに留意が必要です。

なお、営業秘密を（職務上の権限にもとづかず）不正の手段により取得した場合には、その取得行為自体も規制対象となります。

②刑事上の規制

刑事上は、職業選択の自由などとの関係を考慮して、処罰対象とされる退職者の使用・開示が限定されています。

すなわち処罰対象は、①営業秘密を含んだ記録媒体（金型図面など）を横領等（無断での持出し／コピー等）したうえでの使用・開示、②在職中における事前準備（開示の申込み／使用・開示の請託）を前提とした退職後の使用・開示、の２つに限定されています。

営業秘密を含んだ記録媒体の横領等それ自体も、処罰対象とされています。

以上の処罰対象行為のうち、②の在職中の事前準備を前提とした退職後の使用・開示については、特に「在職中の申込み／請託」の点を立証することが実務上困難であり、そのハードルは相当高いものです。そのため、実際上は、退職者による記録媒体の横領等の有無が刑事処罰（その手前の刑事告訴受理）の分岐点になっています。

Q13.
転職先に対する法規制のポイントはどのようなものですか

> **Point**
> 転職先による転職元の営業秘密の使用・開示について、特に民事上では、（取得時点以降であっても）どこかの時点で退職者による不正開示を知るなどすれば、それ以降は民事制裁の対象となります。また刑事上では、退職者による記録媒体の横領等の有無という、退職者に対する刑事処罰の分岐点が、転職先に対する刑事処罰についても妥当する点に留意してください。

①民事上の規制

　民事上では、①（取得時点において）退職者による不正開示（またはその介在）を知っていながら、あるいは重過失により知らずに行なった、転職元の営業秘密の取得、②（取得時点かそのあとかを問わず）退職者による不正開示（またはその介在）を知っていながら、あるいは重過失により知らずに行なった、転職元の営業秘密の使用・開示、が規制対象とされています。

　特に②の使用・開示については、退職者による不正開示に関する故意・重過失の基準時点に限定はなく、（取得時点以降であっても）どこかの時点で故意・重過失があれば、それ以降の使用・開示も民事制裁の対象となることがポイントです。たとえば、転職先が中途採用者（転職元からみれば退職者）から転職元の営業秘密の開示を受けてこれを取得した場合、取得時点では転職元の営業秘密であることを知らなくとも、のちに転職元から警告書を受領するなどでこれを知ったような場合、それ以降の使用・開示は民事制裁の対象となります。

　そのような不正使用により生じた営業秘密侵害品の譲渡・輸出入等も、平成27年改正により、民事制裁の対象として追加されました。

②刑事上の規制

　刑事上では、刑事処罰対象となる退職者の違法開示によって（またはその介在を知りながら）取得した転職元の営業秘密の使用・開示、刑事処罰対象となる違法使用により生じた営業秘密侵害品の譲渡・輸出入等が、それぞれ処罰対象とされています。

　このような転職先の処罰対象行為は通常、刑事処罰対象となる退職者の違法開示を契機としているため、退職者による記録媒体の横領等の有無という、退職者に対する刑事処罰の分岐点は、転職先に対しても妥当することになります。特に退職者が横領等を行なった記録媒体について、これを転職先が受領してしまった場合には、転職先に対する刑事処罰も実務上問題となりやすいことに十分留意が必要です。

　民事と刑事の規制対象行為の類型をまとめると、図表10、図表11のとおりです。

図表10　民事規制の対象行為

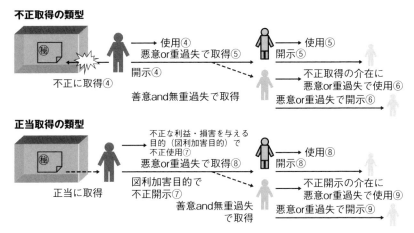

注：1．○囲いの数字は、不正競争防止法第2条第1項各号の該当号数
　　2．悪意or重過失＝当該行為があったことを知っている、あるいは重大な過失により知らない
　　3．善意and無重過失＝当該行為があったことを、重大な過失なく知らない
出典：「秘密情報の保護ハンドブック」120頁

図表11　刑事規制の対象行為

不正な手段（詐欺・恐喝・不正アクセスなど）による取得のパターン

（1号）図利加害目的で、詐欺等行為又は管理侵害行為によって、営業秘密を不正に取得する行為

（2号）不正に取得した営業秘密を、図利加害目的で、使用又は開示する行為

正当に営業秘密が示された者による背信的行為のパターン

（3号）営業秘密を保有者から示された者が、図利加害目的で、その営業秘密の管理に係る任務に背き、(イ)媒体等の横領、(ロ)複製の作成、(ハ)消去義務違反＋仮装、のいずれかの方法により営業秘密を領得する行為

（4号）営業秘密を保有者から示された者が、第3号の方法によって領得した営業秘密を、図利加害目的で、その営業秘密の管理に係る任務に背き、使用又は開示する行為

（5号）営業秘密を保有者から示された現職の役員又は従業者が、図利加害目的で、その営業秘密の管理に係る任務に背き、営業秘密を使用又は開示する行為

（6号）営業秘密を保有者から示された退職者が、図利加害目的で、在職中に、その営業秘密の管理に係る任務に背いてその営業秘密の開示の申込みをし、又はその営業秘密の使用若しくは開示について請託を受け、退職後に使用又は開示する行為

転得者による使用・開示のパターン

（7号）図利加害目的で、②、④～⑥の罪に当たる開示（海外重課の場合を含む）によって取得した営業秘密を、使用又は開示する行為（2次的転得者を対象）

（8号）図利加害目的で、②、④～⑦の罪に当たる開示（海外重課の場合を含む）が介在したことを知って営業秘密を取得し、それを使用又は開示する行為（3次以降の転得者をすべて対象）

＊平成27年改正事項

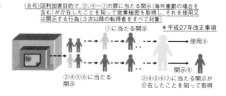

営業秘密侵害品の譲渡等のパターン

＊平成27年改正事項

（9号）図利加害目的で、②、④～⑧の罪に当たる使用（海外重課の場合を含む）によって生産された物を、譲渡・輸出入する行為

※第21条第1項第3号を除く全ての類型について、その未遂行為も処罰の対象（第21条第4項）

海外重罰のパターン（21条3項）

（1号）日本国外で使用する目的での①又は③の行為

（2号）日本国外で使用する目的を持つ相手方に、それを知って②、④～⑧の罪に当たる開示をする行為

（3号）日本国外で②、④～⑧の罪に当たる使用をする行為

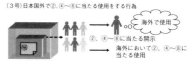

出典：経済産業省知的財産政策室「平成27年不正競争防止法の改正概要」10頁以下

2　転職元の実務対応
1．事前対応策

Q14.
転職元における事前対応策としては何がポイントになるのでしょうか

> **Point**
> 「秘密情報の保護ハンドブック」では5種類の対策が紹介されています。その5つの目的の観点から整理された情報漏えい対策に優先順位をつけるとともに、その相互関係を理解することがポイントです。まずは実務上、「記録媒体の持出し困難化」「アクセスの制御」「視認性の確保」の3つが特に重要であり、この順番で優先順位がつけられる点を押さえておきましょう。

　自社の機密情報について、不正競争防止法による強力な保護を受けられるように、「営業秘密」該当性を確保することが、何よりも重要です。特にこれまでは、秘密管理性の要件が非常に厳格に解釈されていた関係上、転職元における事前対応策についても、秘密管理性の要件を踏まえる形で検討されることが少なくありませんでした。しかし、秘密管理性の要件として「鉄壁の防御」までを常に求めるものではないとした新指針の解釈により、秘密管理性の欠如を理由に営業秘密該当性が否定される可能性は低くなりつつあります。

　もっとも、実務上は、そのような営業秘密該当性／秘密管理性の問題とは別に、そもそも情報漏えいが生じにくい体制を構築する必要があることに変わりはありません。特に情報技術等が飛躍的に発展した今日では、いったん漏えいした情報は転々と流通してしまう可能性があることから、なおさら重要です。

　このような情報漏えい対策を構築するうえで非常に有用なのが、「秘

密情報の保護ハンドブック」です。場所・状況・環境に潜む「機会」が犯罪を誘発するという犯罪学の考え方も参考としながら、①接近の制御、②持出し困難化、③視認性の確保、④秘密情報に対する認識向上（言い逃れの排除）、⑤信頼関係の維持・向上等という５つの目的の観点から情報漏えい対策を整理したうえで、それぞれの対策内容を具体的に紹介しています（図表12）。

　もっとも、「秘密情報の保護ハンドブック」は本体だけでも140頁前後の分量があり、そのまま実務に落とし込むにはむずかしい面があります。そのため、上記５種類の各対策について、時間とコストを踏まえて優先順位をつけ、実務上導入がむずかしい優先対策があれば次善対策で補完するなど、その相互関係を把握する必要があります。

　この理解を欠いたまま、実務への落とし込みをはかろうとすると、メリハリがつかず非現実的な対応になってしまうでしょう。ここでは、上記５種類の各対策のうち、記録媒体の持出し困難化、アクセスの制御、視認性の確保の３つが特に重要であり、この順に優先順位がつけられる点をまずは押さえてください（詳細は**Q15**〜**Q18**参照）。

図表12　5つの目的の観点から整理した情報漏えい対策

5つの「対策の目的」
(1) 接近の制御
　秘密情報を閲覧・利用等することができる者（アクセス権者）の範囲を適切に設定した上で、施錠管理・入退室制限等といった区域制限（ゾーニング）等により自らが権限を有しない秘密情報に現実にアクセスできないようにすることで、アクセス権限を有しない者を対象情報に近づけないようにすることを目的としています。
　なお、「接近の制御」に係る対策のポイントは、まず、アクセス権を有する者が、本当にその情報について知るべき者かという観点から適切に限定されることであり「接近の制御」に係る対策を講ずる前提として、まずは社内の規程等により、アクセス権設定に係るルールを策定することが必要となります。

(2) 持出し困難化
　秘密情報が記載された会議資料等の回収、事業者が保有するノートPCの固定、記録媒体の複製制限、従業員の私物USBメモリ等の携帯メモリの持込み・利用を制限すること等によって、当該秘密情報を無断で複製したり持ち出すことを物理的、技術的に阻止することを目的としています。

(3) 視認性の確保
　職場のレイアウトの工夫、資料・ファイルの通し番号管理、録画機能付き防犯カメラの設置、入退室の記録、PCのログ確認等により、秘密情報に正当に又は不当に接触する者の行動が記録されたり、他人に目撃されたり、事後的に検知されたりしやすい環境を整えることによって、秘密情報の漏えいを行ったとしても見つかってしまう可能性が高い状態であると認識するような状況を作り出すことを目的としています。また、ここでの対策は、従業員等の行為の正当性（身の潔白）を証明する手段としても有効です。
　さらに、現実に監視するというだけでなく、例えば、職場の整理整頓や従業員等に文書管理責任を分担させて情報管理に関する当事者意識を持たせたりすることで、職場を管理の行き届いた状態にすることにより心理的に漏えいしにくい状況を作ることも含まれます。

なお、情報漏えい行為の状況などを記録する対策等は、情報漏えいが生じた場合の行為者に対する責任追及の際に必要となる証拠の確保手段としての意義もあります。

（4）秘密情報に対する認識向上（不正行為者＊の言い逃れの排除）
　秘密情報の取扱い方法等に関するルールの周知、秘密情報の記録された媒体へ秘密情報である旨の表示を行うこと等により、従業員等の秘密情報に対する認識を向上させることを目的としています。これにより、同時に、不正に情報漏えいを行う者が「秘密情報であることを知らなかった」、「社外に持ち出してはいけない資料だと知らなかった」、「自身が秘密を保持する義務を負っている情報だとは思わなかった」といった言い逃れができないようになります。
（注：ここでいう不正行為者とは、実際に不正に情報漏えいを行う者を意味し、従業員等を不正行為を行う可能性のある者としてみだりに疑う趣旨ではない）

（5）信頼関係の維持・向上等
　従業員等に情報漏えいとその結果に関する事例を周知することで、秘密情報の管理に関する意識を向上させます。また、働きやすい職場環境の整備や適正な評価等によって企業への帰属意識を醸成したり、仕事へのモチベーションを向上させます。これらの取組みによって、職場のモラルや従業員等との信頼関係を維持・向上することを目的とします。
　従業員等との信頼関係を維持・向上するための取組みは、企業の生産性向上や効率的な経営の実現などの観点からも重要なポイントであるため、企業においては既に創意工夫を凝らしながら様々な取組みが実施されているところですが、これらの取組みが、情報漏えい対策としても有効であると考えられます。

出典：「秘密情報の保護ハンドブック」18頁以下

Q15.
記録媒体の持出し困難化がもっとも重要なのはなぜですか。どのような対策を講じればよいですか

Point

情報漏えいが記録媒体を介して行なわれた場合には、正確性・完全性が確保された状態で機密情報が漏えいすることとなり、そのインパクトが記録媒体を介していない場合に比して大きくなりがちなため、記録媒体の持出し困難化のための対策がもっとも重要となります。代表的な対策としては、私用USBメモリの利用・持込み禁止などがあげられます。

　情報漏えい対策を考える場合、まず何よりも記録媒体に着目することが重要です。情報漏えいが記録媒体を介して行なわれた場合には、正確性、完全性が確保された状態で機密情報が漏えいすることとなり、そのインパクトが記録媒体を介さない場合に比して大きくなりがちです。たとえば、1000億円にのぼる損害賠償請求訴訟に発展した新日鉄住金の情報漏えい事件でも、退職者が記録媒体を持ち出していたと報道されています。

　そのため、記録媒体については、持出し困難化のための対策、つまりは記録媒体の持出しが物理的、技術的にできない、あるいは困難となるような対策を最優先に検討していくことになります。

　たとえば私用USBメモリの利用禁止や持込み禁止、コピー禁止、さらには社外へのメール送信およびWebアクセスの制限などが代表的な対応策としてあげられます。その他の対応策としては、図表13のとおりです（詳細は「秘密情報の保護ハンドブック」35頁以下参照）。

　なお、持出し困難化の対策を考える場合、いちばん厄介なのは紙媒体です。特に会議資料として配布される紙媒体が典型ですが、人目に触れやすく、また散逸しやすいものでもあり、注意が必要です。この

ような紙媒体については、無断での印刷やコピーを禁止するほか、そもそも、印刷を必要としない業務フローを構築することも検討に値します。たとえば、従業員各人に業務用のノートパソコンを支給するとともに、会議資料は、事前にイントラネット上にアップロードされている所定のファイルにアクセスする形で閲覧させるようにして印刷物は用いないことなどが考えられます。

　もっとも、図表14のとおり、持出しの態様としては、USBメモリによるものがいちばん多いとの調査結果もあり、また一度に大量の持出しを行なえるのは、やはり紙媒体よりも電子媒体を介する場合です。そのため、最優先で検討すべきは、電子的な記録媒体の持出しが物理的、技術的にできない、あるいは困難となるような対策になると思われます。

図表13　記録媒体を持出し困難にするための対策例

書類、記録媒体、物自体等の持出しを困難にする措置
a．秘密情報が記された会議資料等の適切な回収
b．秘密情報の社外持出しを物理的に阻止する措置
c．電子データの暗号化による閲覧制限等
d．遠隔操作によるデータ消去機能を有するPC・電子データの利用

電子データの外部送信による持出しを困難にする措置
e．社外へのメール送信・Webアクセスの制限
f．電子データの暗号化による閲覧制限等（再掲）
g．遠隔操作によるデータ消去機能を有するPC・電子データの利用（再掲）

秘密情報の複製を困難にする措置
h．コピー防止用紙やコピーガード付の記録媒体・電子データ等により秘密情報を保管
i．コピー機の使用制限
j．私物のUSBメモリや情報機器、カメラ等の記録媒体・撮影機器の業務利用・持込みの制限

アクセス権変更に伴いアクセス権を有しなくなった者に対する措置
k．秘密情報の消去・返還

出典：「秘密情報の保護ハンドブック」参考資料1（情報漏えい対策一覧1.②）

以上のような物理的、技術的な対応策を施すとともに、就業規則や入社時等の個別誓約書に、記録媒体の無断持出し禁止を明示したうえで、特に厳重な懲戒処分の対象になる旨を明記することが重要です。
　なお、このようなサンクション（制裁）のルールを定めることの効果について懐疑的な意見もあるようですが、内部不正経験者は内部不正に対するサンクションをかなり気にしているとの調査結果もあるため（情報処理推進機構（IPA）「内部不正による情報セキュリティインシデント実態調査―調査報告書」42頁参照）、実務上もしっかり整備しておくとよいでしょう。

図表14　故意による内部不正の対象となった情報等の流出経路・媒体（内部不正経験者）

項目	紙媒体	電子メール	Webアップロード	SNS	USBメモリ	スマートフォン	ハードディスクドライブ	パソコン	あてはまるものはない
顧客情報	11.5	18.2	6.1	6.1	30.4	4.1	8.8	14.2	0.7
技術情報	7.0	17.4	13.0	2.6	28.7	6.1	10.4	13.9	0.9
営業計画	6.3	14.4	11.7	11.7	27.9	7.2	9.9	9.9	0.9
製造計画	4.3	8.7	17.4	21.7	26.1	8.7	8.7		4.3
開発物品	3.3	13.3	10.0	10.0	30.0	6.7	6.7	10.0	10.0

出典：情報処理推進機構（IPA）「内部不正による情報セキュリティインシデント実態調査―調査報告書」（2016年3月3日）16頁をもとに作成

Q16.
アクセスの制御が、記録媒体の持出し困難化に次いで重要なのはなぜですか。どのような対策を講じればいいのでしょうか

> **Point**
> 機密情報にアクセスした従業員の頭のなかに残った情報を完全消去することは当然ながら不可能である以上、次善策として、頭のなかに機密情報を残す従業員を必要最小限に絞り込むよう、アクセスを制御する対策を検討することが重要です。代表的な対策としては、一定のサーバー領域・ファイル等に対するアクセス権の設定などがあげられます。

　記録媒体の持出し困難化のための対策により記録媒体を持ち出せない／持ち出しにくいことを確保できれば、あとは、機密情報にアクセスした従業員の「頭のなか」に残ったものだけが問題となります。

　この頭のなかに残った情報を完全消去することは当然ながら不可能である以上、次善策としてアクセスを制御する対策を検討していくことになります。すなわち、頭のなかに機密情報を残す従業員を必要最小限に絞り込むため、機密情報にアクセスする従業員の範囲を適切にコントロールします。

　このほか、業務効率との関係から記録媒体の持出しをある程度許容せざるをえない場合にも、次善策として、そのような持出しという態様でのアクセスができる従業員の範囲を絞り込むことで補完します。

　たとえば、一定のサーバー領域・ファイル等に対するアクセス権の設定（図表15）や施錠管理・入退室制限などが代表的な対応策です。

　その他の対応策としては、以下が「秘密情報の保護ハンドブック」に掲げられています。

　a.ルールにもとづく適切なアクセス権の付与・管理

b.情報システムにおけるアクセス権者のID登録

c.分離保管による秘密情報へのアクセス制限

d.ペーパーレス化

e.秘密情報の復元が困難な廃棄・消去方法の選択

　このような物理的、技術的な対応策とともに、就業規則や入社時等の個別誓約書の整備が必要になることは、**Q15**と同様です。

図表15　機密情報へのアクセスを制御する対策例

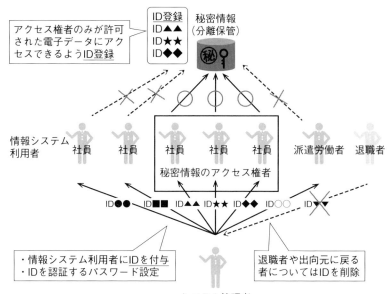

出典：「秘密情報の保護ハンドブック」28頁

Q17.
視認性確保が、記録媒体の持出し困難化やアクセスの制御に次いで重要なのはなぜですか。どのような対策を講じればいいのでしょうか

> **Point**
> 記録媒体の持出し困難化や、アクセスの制御のための対応策については、業務効率との関係でおのずから限界があることから、内部不正に対する牽制効果を高めるため、視認性確保の対応策により補完することが重要です。特に実務上有用なのは、PCログの記録や電子メールの送受信記録の保存・監視です。

　記録媒体の持出し困難化やアクセスの制御のための対策をできる限り施したうえで、視認性の確保の対策に注力します。

　すなわち、いずれかの従業員により、いつ、どこで、記録媒体が持ち出されたか、（記録媒体の持出しがなくとも）機密情報へのアクセスがなされたかなどといった点をトレースできる（漏えいが見つかりやすい環境をつくる）ようにしておくのです。

　特に、記録媒体の持出し困難化やアクセスの制御という対応策については、業務効率との関係でおのずから限界があり、一定の持出しや相当数の従業員へのアクセスを許容せざるをえない場合も少なくありません。視認性確保の対応策を充実させることにより、内部不正に対する牽制効果を高める形で補完することが重要です。

　現に内部不正経験者は、内部不正に対する監視体制をかなり気にしているとの調査結果もあるため（情報処理推進機構（IPA）「内部不正による情報セキュリティインシデント実態調査―調査報告書」42頁参照）、実務上も相応の予防効果が期待できるところです。

　その他の対応策は図表16のとおりです（詳細は「秘密情報の保護ハンドブック」40頁以下参照）。

特に実務上有用なのは、PCログの記録や電子メールの送受信記録の保存・監視です。これらの保存・監視については、のちにプライバシー侵害などと争われないよう、就業規則上、その可能性があることを明示するなどして、従業員にあらかじめ周知することが必要です。図表17は就業規則への規定例です。

図表16　視認性を確保するための対策例

管理の行き届いた職場環境を整える対策
a．職場の整理整頓（不要な書類等の廃棄、書棚の整理等）
b．秘密情報の管理に関する責任の分担
c．「写真撮影禁止」、「関係者以外立入り禁止」の表示

目につきやすい状況を作り出す対策
d．職場の座席配置・レイアウトの設定、業務体制の構築
e．従業員等の名札着用の徹底
f．防犯カメラの設置等
g．秘密情報が記録された廃棄予定の書類等の保管
h．外部へ送信するメールのチェック
i．内部通報窓口の設置

事後的に検知されやすい状況を作り出す対策
j．秘密情報が記録された媒体の管理等
k．コピー機やプリンター等における利用者記録・枚数管理機能の導入
l．印刷者の氏名等の「透かし」が印字される設定の導入
m．秘密情報の保管区域等への入退室の記録・保存とその周知
n．不自然なデータアクセス状況の通知
o．PCやネットワーク等の情報システムにおけるログの記録・保存とその周知
p．秘密情報の管理の実施状況や情報漏えい行為の有無等に関する定期・不定期での監査

出典：「秘密情報の保護ハンドブック」参考資料1（情報漏えい対策一覧1.③）

図表17　就業規則の規定例

第○条（電子メール・インターネット等の適正利用）
1．従業員は、会社の電子メール、イントラネット及びインターネット（以下、総じて「インターネット等」という。）の利用に関し、次の事項を遵守して、パソコン、スマートフォン、携帯電話その他の情報通信機器（以下、総じて「端末」という。）を使用し、適切な情報ネットワーク環境の維持並びに社内情報の毀損及び漏えいの防止に努めなければならない。
　○会社が従業員に貸与した端末を業務以外の目的で使用しないこと。
　○私物の端末を会社の許可なく業務目的で使用しないこと。
　○会社が指定したウィルス対策ソフトを適正に運用、使用すること。
　○会社の内外を問わず、業務に使用する端末において、ファイル交換ソフトその他の情報管理上問題が発生する可能性があるソフトウェア等又は業務に関係のないソフトウェア等をインストールしないこと。
　○会社の許可なく、私物のUSBメモリ、ハードディスク等の記録媒体又は私物の端末を、業務に利用する端末に接続しないこと。
　○前号の許可を得て接続する場合は、アクセス権限のない者が操作できないようにパスワード設定をすること。
　○（以下略）
2．会社は、インターネット等の利用の適正化を図るため、及び会社の秘密情報の管理を図るため、次の各号に定める事項その他必要と認める事項を講ずることができる。
　○必要に応じて、会社が従業員に貸与した端末若しくは会社のサーバーに保存されているデータを閲覧し、又は、情報を解析し、従業員ごとのインターネット等の利用履歴を確認すること。
　○必要に応じて、従業員が送受信した社用電子メールの内容を閲覧すること。
　○ウィルス感染等を予防するため、特定のホームページへのアクセスを制限すること。

出典：「秘密情報の保護ハンドブック」（参考資料2）3頁

Q18.
3つの優先対策を実務で落とし込むには、どのようにメリハリをつけるのですか

> **Point**
> キーパーソンに紐づける形で、記録媒体の持出し困難化などの対策を最優先に実施していくことが重要です。

①最優先の対策と補完的な対策の見極め

　まずは最優先の対策を見極めます。ここでいう最優先の対策とは、記録媒体の持出しを困難にすることです（**Q15**参照）。情報漏えい対策のための予算があるのであれば、その大部分をまずは記録媒体の持出し困難化のための対策に注ぎ込むほうがよいでしょう。

　もっとも、記録媒体の持出し困難化をはかることが業務効率との関係から事実上、不可能な場合も当然ありえます。一定の持出しを許容せざるをえないことも少なくありませんので、次善策として、アクセスの制御や視認性確保のための対策を充実させることで補完していくという発想が重要です。

　このように優先順位と相互関係を把握したうえで、情報漏えい対策に関する現実的な落としどころを探っていきます。

②キーパーソンへの紐づけ

　最優先の対策である記録媒体の持出し困難化を含む３つの優先対策を、すべての機密情報、すべての従業員について実施するのは事実上、不可能なケースも多々あります。

　そのような場合は、重要な機密情報、ひいてはキーパーソンに紐づけることがポイントとなります。

　すなわち、まずは漏えいの被害度合いを主たる物差しとして、自社保有の機密情報をランクづけし、特に重要な機密情報を特定します

(「秘密情報の保護ハンドブック」第2章参照)。そのうえで、それらの機密情報にアクセスできる従業員を個人レベルで特定します。

このようにして特定されたキーパーソンを前提に、このキーパーソンに紐づける形で、記録媒体の持出し困難化などの対策を最優先に実施していきます。

なお、キーパーソンのなかには、技術者のような現場の従業員のみならず、システム管理者も忘れずに含めることが重要です。システム管理者は「内部不正経験者の約5割がシステム管理者である」などの調査結果もあるように、広範な機密情報にアクセスできる立場にあることが多いからです(図表18)。

図表18　内部不正経験者の内訳

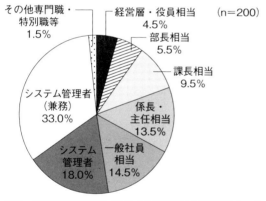

出典：情報処理推進機構（IPA）「内部不正による情報セキュリティインシデント実態調査－調査報告書」（2016年3月3日）14頁をもとに作成

２．退職者を対象とする事後対応策

Q19.
退職者に対してとるべき事後対応策のポイントは何でしょうか

> **Point**
> キーパーソンによる退職の動きに注意を払う形で、情報漏えいの危険性をいち早く察知し、現に察知した場合には、キーパーソンによる機密情報へのアクセスを早期に遮断するなどの初動対応をすみやかに実施することです。

　情報漏えいの危険性をいち早く察知することが、まず何よりも大切です。

　素早く察知するには、キーパーソンの退職の動きに注意を払うことが不可欠です。全従業員の動向に労力やコストをかけるのは非効率的かつ非現実的です。そのため、事前にキーパーソンとなる従業員を特定しておくことが重要となります。

　キーパーソンによる退職の動き、特に競合他社への転職の動きを察知した場合は、まずはキーパーソンによる機密情報へのアクセスを早期に遮断します。

　そのうえで、キーパーソンが従前、アクセスできていた機密情報について、記録媒体を持ち出せる状況にあったか否かで分けて検討します。詳細は**Q20**、**Q21**を参照ください。

　なお、以上のような最低限の初動対応については、IT部門などとも相談のうえ、事前にマニュアル化しておきましょう。

Q20.
退職者による記録媒体の持出しが問題となる場合にはどのように対応したらよいのでしょうか

> **Point**
> まずは事実確認を最優先で行ない、仮に記録媒体の持出しが認められる場合には、完全な有事になったと認識すべきであり、弁護士の早期起用を含めた有事マインド・体制へと切り替えます。もちろん、キーパーソン本人に対しては、記録媒体の返却・消去を要請します。このような要請に応じないときは、民事上の差止め・損害賠償請求のみならず、記録媒体の横領等を理由とした刑事告訴も真剣に検討することとなるでしょう。

　まず最優先で、退職の動きがあるキーパーソンに対して記録媒体へのアクセスが許されていたかどうか、許されていたとして持ち出されている可能性がないかどうかを確認します。

　持出しがあったかを確認する方法として、最近は、特に電子メールの送受信記録やサーバーアクセス記録をチェックすることが多くなりました。通常、退職者からの情報漏えいは退職申出の1ヵ月前後に集中すると想定されるため、まずはこのあたりの電子メールの送受信記録などを集中的に確認します。もっとも、過去には長期間継続して情報漏えいがなされていた事例もありますので、これらの記録がサーバー上の保存期間経過により自動消去されないよう、いち早く保全することも重要です。

　なお、このような客観的記録による事実確認のほか、キーパーソン本人には退職時に、記録媒体の持出しを行なっていないことの個別誓約書を提出させましょう。

　仮に記録媒体の持出しが認められる場合には、完全な有事になったと認識すべきであり、有事マインド・体制への切り替えが必要となり

ます。まずは情報漏えい事案の処理経験が豊富な弁護士を早期に起用することが重要です。

　そのうえで、当然ながらキーパーソン本人に対しては、適切なタイミングで、記録媒体の返却・消去を要請することになります。

　このような返却・消去要請に応じないとき、または不完全な対応しかなされないときは、民事上の差止め・損害賠償請求のみならず、記録媒体の横領等を理由とした刑事告訴も真剣に検討することとなるでしょう。

　なお、必要に応じてキーパーソンの自宅に対する証拠保全を行なう場合もありますが、実務上はなかなかハードルが高く、また探偵を含めた高度な専門技術を要することになります。

Q21.
退職者による記録媒体の持出しが認められない（持出しが問題とならない）場合の対策は何でしょうか

> Point
> 契約上の守秘義務などのほか、就業規則や退職時の個別誓約書における競業避止義務に一定の効果が認められます。特に新指針のもとで営業秘密該当性が認められる場面が増えつつあることから、競業避止義務が有効と認められる場面も相応に増えてくることが予想されます。安易に諦めるべきではないでしょう。

　キーパーソンによる記録媒体の持出しがないことをおおむね確認できたなら、残る問題はキーパーソンの頭のなかに残る機密情報です。

　この点については、まずは就業規則や入社時の個別誓約書のほか、退職時においても、在職中に知りえた機密情報を退職後に不正に使用・開示しない旨の個別誓約書を提出させることが重要です。

　しかしながら、このような守秘義務のほか、不正競争防止法による営業秘密保護規制もあるものの、それだけで実際に不正使用・開示を防止できるかは、いささか心許ない部分が残ります。そもそも不正使用・開示が実際になされてしまった場合でも、その立証には、実務上なお高いハードルがあります。

　そこで重要となるのが、就業規則や入退社時の個別誓約書における競業避止義務です。この競業避止義務のもとでは、不正使用・開示まで至らずとも（立証できなくても）、その手前の段階で競合他社への転職等を禁止できます。

　もちろん、退職者の職業選択の自由との関係で、合理的な限定を伴わなければ無効となるなどの限界はあります（**Q22**参照）。特に裁判実務上、退職金減額・一部返還はともかく、退職金全額の支給停止・返還や転職差止め、損害賠償などは認められにくい傾向にありました。

一方で、競業避止義務を課す背景・目的として、営業秘密該当性が認められる機密情報の保護があることを立証できれば、競業避止義務にもとづく差止め仮処分等も比較的認容されやすくなるという傾向も存在しています。特に新指針のもとで、秘密管理性の欠如を理由とした「門前払い」が少なくなりつつあることからしても、安易に諦めるべきではないでしょう。

　このほか、競業避止義務とあわせて同僚従業員の引き抜き禁止義務を定めている例も少なくありません。

Q22.
競業避止義務を定めるうえでのポイントは何でしょうか

> **Point**
> 競業避止義務の期間、禁止行為の範囲および代償措置の3点について、会社側においても、できるだけ合理的な限定をかけようと努力していた痕跡が見えるような工夫を施すことです。

　競業避止義務の有効性については、過去の判例・裁判例の内容や結論、解釈を含めて、百家争鳴の状態にあるといっても過言ではありませんが、比較的穏当にそのポイントをまとめると、図表19のようになります。

　このうち実務上、特に重要な点は、期間、禁止行為の範囲および代償措置に関する定めです。

図表19　競業避止義務の有効性のポイント

競業避止義務契約締結に際して最初に考慮すべきポイント：
- ☐ 企業側に営業秘密等の守るべき利益が存在する。
- ☐ 上記守るべき利益に関係していた業務を行っていた従業員等特定の者が対象。

競業避止義務契約の有効性が認められる可能性が高い規定のポイント：
- ☐ 競業避止義務期間が1年以内となっている。
- ☐ 禁止行為の範囲につき、業務内容や職種等によって限定を行っている。
- ☐ 代償措置（高額な賃金など「みなし代償措置」といえるものを含む）が設定されている。

有効性が認められない可能性が高い規定のポイント：
- ☐ 業務内容等から競業避止義務が不要である従業員と契約している。
- ☐ 職業選択の自由を阻害するような広汎な地理的制限をかけている。
- ☐ 競業避止義務期間が2年超となっている。
- ☐ 禁止行為の範囲が、一般的・抽象的な文言となっている。
- ☐ 代償措置が設定されていない。

労働法との関係におけるポイント：
- ☐ 就業規則に規定する場合については、個別契約による場合がある旨を規定しておく。
- ☐ 当該就業規則について、入社時の「就業規則を遵守します」等といった誓約書を通じて従業員の包括同意を得るとともに、十分な周知を行う。

出典：平成24年度経済産業省委託調査・三菱UFJリサーチ＆コンサルティング「人材を通じた技術流出に関する調査研究報告書（別冊）」（平成25年3月）25頁

まず期間は、もちろん１年以内とするのが好ましいものの、２年以内であれば実務上もなお許容される余地はあると思われます。**Q23**で紹介する「ガーデン・リーブ」期間を退職前にはさむことで、競業避止義務自体は１年以内に留めることも十分に考えられます。

　次に禁止行為の範囲は、キーパーソンが従来担当していた重要な職務との関係で、競業の定義、特に競業会社の定義をある程度具体的に定めることができれば、それに越したことはありません。そのうえで、具体的に定義された競業会社への転職そのものを禁止するのではなく、当該職務と同一または類似の職務に就くことのみを禁止するような形で、できるだけ禁止行為の範囲を限定的に定めておくのがポイントです。なお、地理的範囲については、近時の裁判実務では、あまり厳しく判断されていないため、さほど範囲を狭くする必要はないと思われます。

　代償措置については、重要な職務への配転の際に、基本給を単純に増額するのではなく、機密保持手当のような別途の手当の形で給与を増額するなど、なるべく代償措置としての性格を明確化させる工夫を考えましょう。なお、退職金額が基本給額に連動する仕組みにおいては、基本給それ自体を増額せざるをえない場合がありますが、その増額の趣旨を辞令等で明確化するなどの工夫も考えられます。また、ガーデン・リーブ期間を退職前にはさむことで、その期間に支払われる給与を代償措置の一部とみなせることもあります。

　このほか、退職金の支払時期について、たとえば２分の１は退職後すみやかに支払い、残り２分の１は半年後に支払うなどといった分割払いとすることで、競業避止義務の牽制効果を高めることも考えられます。ただし、このような退職金の分割払いの定めは、支給制限規定と同様、転職先において金銭的な埋め合わせをされる可能性が高い場合などには、その牽制効果が想定どおりには期待できないことに注意

が必要です。

　なお、違約金の定めについては、労働基準法との関係で、それが裁判所においてそのまま認められることはないと思われますが、競業避止義務違反と因果関係のある損害項目についてあらかじめ認識を共有するなどの意味合いからすれば、定め方によってはまったく意味がないとまではいえないと思われます。

Q23.
海外では「ガーデン・リーブ」が営業秘密防衛策の一つとしてよく使われているようですが、どのような制度ですか。日本の会社でも有用なものでしょうか

Point
「ガーデン・リーブ」とは、退職見込みの従業員に対して、退職までの一定期間、有給の休暇を取得させたり、従前と同等以上の給与条件で有閑職務に従事させたりすることです。日本の労働法に照らして必ずしも意図したとおりの内容を実現できない可能性があるため、日本の会社で採用する場合には一定の工夫を施すことが必要となります。

　「ガーデン・リーブ」制度についての確たる定義はありませんが、おおむね、退職見込みの従業員に対して、退職までの一定期間（通常は半年前後）、有給の休暇を取得させるか、または従前と同等以上の給与条件で有閑職務に従事させることをいいます。

　ガーデン・リーブ期間は、あくまで在職中であるため、このような期間を退職前にはさむことで、法律上の疑義なく競業などを禁止できます。また、最新の機密情報に触れる機会が制限されるため、退職見込みの従業員の「頭のなか」に残る機密情報（場合によってはその手元にある記録媒体に含まれた機密情報も含む）を、多少なりとも陳腐化できることに加えて、**Q22**でも指摘したとおり、ガーデン・リーブ期間に相当する分、競業避止義務の期間を短くしたり、その間に支払われる給与を代償措置の一部とみなせたりすることで、競業避止義務の機能・有効性の補完が可能となります。

　このように相応の有用性が認められるガーデン・リーブではありますが、日本の会社では、一部の外資系企業を除き、さほど一般的とはいえません。

　その理由の一つは、日本の労働法に照らして必ずしも意図したとお

りの内容を実現できない可能性があるからです。特に問題となるのが、正社員に代表される無期雇用の従業員は2週間前に予告さえすればいつでも理由を問わず辞職できるとの民法上の定めです。2週間という予告期間については、仮に従業員の同意があったとしても延長ができないと一般に解されています。そのため、ガーデン・リーブ期間中であっても、正社員から辞職したいと言われれば、2週間以上の足止めはできません。もちろん、そのような事態を招かないために、ガーデン・リーブ期間中であっても有給とするわけですが、転職候補先から良い給与条件を提示されたり、あくまで現場の実務に携わり続けることにこだわる従業員に対しては、会社側の意図したとおりの内容を実現できない可能性があるのです。

　以上の問題を踏まえたうえでの実務上の工夫として、対象となる無期雇用の従業員について、いったん現在の会社を退職させたうえで、ガーデン・リーブに相当する期間、有期雇用することなどが考えられます。有期雇用であれば、その期間中、対象従業員は、「やむをえない事由」がないと辞職できないとされているからです。

　このような実務上の工夫を実施する際のポイントは、大きく3つあります。具体的には、①有期雇用の実態を完全に否定されない（実態として無期雇用の継続とみなされない）ために、ガーデン・リーブ目的での有期雇用は、現在の会社ではなく子会社等で行なう、②上記①と同様の理由から、まったくの有給休暇とするのではなく、パートなどでの有閑職務に従事させる形とする、③退職金の支払時期は、なるべく、現在の会社の退職時ではなく、その子会社等における有期雇用（ガーデン・リーブ期間）の終了時とすることがあげられます。

3．転職先を対象とする事後対応策

Q24.
転職先に対してとるべき事後対応策のポイントは何でしょうか

> Point
> 転職先に対して、退職者が転職元の営業秘密等を保有していることについて警告する書面をいち早く発送することがポイントです。記録媒体が退職者により持ち出されているおそれがある場合には、弁護士の早期起用を含めた有事マインド・体制への早期切り替えが重要となります。

　転職先に対してとるべき事後対応策としては、状況に応じて、不正使用の差止めや損害賠償請求、さらには平成27年改正で導入された営業秘密侵害品の譲渡・輸出入等の差止めなど多岐にわたります（詳細は「秘密情報の保護ハンドブック」第6章（特に130頁以下）参照）。

　このような事後対応策のなかで、まず何よりも先に行なうべきは、転職先に対して、退職者が転職元の営業秘密等を保有していることを警告する書面をいち早く発送することです。

　警告書面が転職先による営業秘密の取得前に到達すれば、転職先に対して、不正競争防止法上の民事・刑事規制の網を広くかけることができる可能性があります。また営業秘密の取得後であってもなお、警告書面の到達以降における転職先の使用・開示行為について、不正競争防止法上の民事規制を及ぼすことが可能となります。

　特に記録媒体が退職者により持ち出されているおそれがある場合には、その旨を転職先に対する警告書にも記載するとともに、状況に応じて転職先に対する刑事告訴も検討することになるでしょう。いずれにしても、**Q20**で指摘したとおり、記録媒体の持出しがある場合には、

対退職者の場合と同様、情報漏えい事案の処理経験が豊富な弁護士に相談するなど、有事マインド・体制への早期切り替えが重要となります。

　もっとも、転職先が自社の取引先などである場合もしばしばあり、何らかの形での警告書の送付もしくは交付はともかくとして、それ以上の対応はとりづらいこともあるでしょう。

3 転職先の実務対応

Q25.
転職先の実務対応における最大のポイントは何ですか

> Point
> 転職元の営業秘密等を含んだ記録媒体について、中途採用者（転職元の退職者）から一切受け取らない、持ち込ませないことが最大のポイントとなります。

　平成27年改正による営業秘密保護の強化は、転職先の立場からすれば、営業秘密侵害リスクが高まったことを意味します。

　このような営業秘密侵害リスクを回避する方策についても、「秘密情報の保護ハンドブック」で紹介されていますが（詳細は第5章（特に110頁以下）参照）、実務上の最大のポイントは、転職元の営業秘密等を含んだ記録媒体について中途採用者（転職元の退職者）から一切受け取らない、持ち込ませないことです。

　仮にこのような記録媒体を受け取ってしまった場合は、転職元からの差止め請求や損害賠償請求はもちろん、刑事処罰の現実的可能性が生じるなど、実務上重大な問題に発展しやすくなります。

　そのため、中途採用にあたっては、まず何よりも転職元から営業秘密等を含んだ記録媒体を一切持ち出していないとの個別誓約書を提出させることが重要です。

　そのうえで、転職先において自社業務に従事させる場合にも、私用USBメモリの持込みや、その他転職元の記録媒体の持込みにつながるような行為を一切禁止します。

　この2点については、どの会社でもできますので、最低限の対策として実施してください。

また、そのような持込みを行なっていないかを少なくとも中途採用後、一定期間（3〜6ヵ月程度）はモニタリングすることが望ましいでしょう。

Q26. 中途採用者から転職元の営業秘密等を含んだ記録媒体を受け取ってしまった場合、転職先はどう対応したらいいのでしょうか

> **Point**
> 弁護士の早期起用を含めて、ただちに有事マインド・体制へと切り替え、混入実施者の早期隔離や混入の範囲・態様の確認など、すみやかな初動対応がポイントとなります。

　転職元の営業秘密等を含んだ記録媒体を中途採用者(転職元の退職者)から受け取ってしまった場合、転職元からの差止め請求や損害賠償請求はもちろん、刑事処罰の現実的可能性が生じるなど、実務上重大な問題に発展しやすくなります(**Q25**参照)。仮に記録媒体の受け取りが認められた場合は、完全な有事になったと認識し、有事マインド・体制へと切り替え、すみやかに初動対応をとることが重要です。

　具体的には、弁護士を含めた専門家を早期起用することはもちろん、問題となる記録媒体を持ち込んだ中途採用者、つまり混入実施者を業務から早期に隔離することが何よりも重要です。

　そのうえで、混入してしまった情報の範囲や管理態様を確認します。具体的には、ラボノート、混入実施者自身および記録媒体や混入実施者に接触した可能性のある従業員の電子メール送受信記録、サーバーアクセス記録などを丹念にチェックし、対象情報等、問題の外延を特定したうえ、問題となる記録媒体は弁護士などの立ち会いのもとで早期に破棄します。混入実施者へのインタビューも必要ですが、証拠隠滅の可能性も踏まえて、そのタイミングなどには十分注意します。

　なお、このような事態の発覚や対応を転職元にも告知するかどうかは状況次第であり、担当弁護士によく相談すべきでしょう。

Q27.
中途採用者の「頭のなか」に残る転職元の営業秘密等については、どのように対応すればよいでしょうか

Point
中途採用者から転職元の営業秘密等を使用・開示しない旨の個別誓約書を提出してもらうほか、中途採用者の頭のなかに残る転職元の営業秘密等が転職先では転用しにくい状況にあることの状況証拠をできるだけ確保します。

　中途採用者から転職元の営業秘密等を含んだ記録媒体を一切受け取らないことを確保できれば、残る問題は中途採用者の頭のなかにある転職元の営業秘密等だけです。
　このように頭のなかに残る転職元の営業秘密等に関しては、記録媒体そのものを受け取る場合に比べれば、(転職元における立証負担の大きさゆえに) 実務上のリスクはある程度低下するのが実情です。
　しかしながら、通常は転職元からの警告書を受領することとなるなど、なお不正競争防止法上の規制の網がかかってくる以上、余計なトラブルを避けるためにも、中途採用者の頭のなかに残る転職元の営業秘密等を、転職先として取得・使用等していないことを、できる限り外形的に確保するに越したことはありません。特に平成27年改正によって、営業秘密のうち生産技術等に関する不正使用の事実について推定規定が導入されていることからしても、生産技術等が絡む場合は特に慎重さが求められるでしょう。
　もちろん、あくまで中途採用者の頭のなかにある以上は、転職先として分別管理しようにも事実上不可能です。
　この点、一般的な対応としては、中途採用者から転職元の営業秘密を使用・開示しない旨の個別誓約書を提出してもらうこととなります

が、それだけではいささか心許ないものです。

実務上の工夫の一つは、中途採用者の頭のなかに残る転職元の営業秘密等が転職先では転用しにくいことの状況証拠をできるだけ確保することです。

具体的には、転職元の営業秘密等の内容そのものを聞き出すと不正取得になってしまうので、これは聞かない前提で、たとえば中途採用後に自社の製造設備の内容・仕様等を説明したうえで、それらに照らして、同種製品に関する転職元の製造プロセスについての営業秘密等を転用できるような状況にはない旨を、中途採用者に一筆書いてもらうなどの対応が考えられます（図表20）。

図表20　営業秘密等を転用しにくいことを確保する（例）

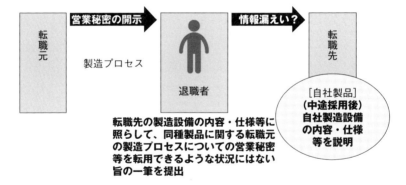

Q28.
中途採用者の「頭のなか」に残る転職元の営業秘密等について、実務上の対応がむずかしい場合はどうすればよいのでしょうか

> Point
> 中途採用者が転職元にとってキーパーソンという位置づけにあったかどうかなどを確認し、実務上のリスクの大きさを把握します。

　Q27では、中途採用者の頭のなかに残る転職元の営業秘密等が転職先では転用しにくいことの状況証拠を確保する方策を紹介しましたが、それがむずかしい場合は、中途採用者が転職元にとってキーパーソンであったかどうかを確認することが重要です。

　たとえば、転職元からすればリストラ対象となる事業部門の出身である場合には、（転職先からみた魅力度合いとは別に）転職元においてはキーパーソンの位置づけからは外れている可能性があります。

　このような場合、中途採用者から記録媒体を受け取ってしまうようなことがなければ、実務上重大な問題に発展する可能性は低いでしょう。

　このほか、平成27年改正によって、営業秘密のうち生産技術等に関する不正使用の事実について推定規定が導入されていることからしても、生産技術等が絡むかどうかも、重要な確認事項の一つとなるでしょう。

第3章
取引先の情報漏えい等に対する防衛策

1　取引先の情報漏えいに対する防衛策
1．事前対応策

Q29.
取引先の情報漏えいに対する事前対応策の特徴とポイントは何でしょうか

> **Point**
> 記録媒体の持出しを困難にしたり、視認性を確保する対策が、通常はむずかしいことが特徴としてあげられます。そこで、アクセスを制御するための対策に注力することがポイントとなります。

　取引先からの情報漏えいについては、取引先自体が主体となる情報漏えいと、取引先の従業員等による情報漏えいとを分けて考える必要があります。

　このうち、取引先の従業員等による情報漏えいへの事前対応策については、自社従業員向けの事前対応策（第2章参照）を取引先でも実施するよう、契約書などで取引先に要請していくことになります。

　他方で、取引先自体が主体となる情報漏えいに対する事前対応策については、そのフレームワーク自体は自社従業員向けの対応策と同様ではあるものの、顕著な特徴として、記録媒体の持出し困難化や視認性確保のための対策が、通常はむずかしいという点があげられます。

　記録媒体の持出し困難化のための対策を実施しがたい理由は、取引先に対しては多くの場合、提供する情報の特定や正確性、完全性の確保の観点から、機密情報を含んだ記録媒体を渡さざるをえないからです。

　また、視認性確保のための対策が実施しがたい理由は、単純に自社内で自社の機密情報が扱われるのではないために、自社内と同じよう

にはモニタリングできないからです。

　もちろん、実務上の工夫として、クラウドベースで機密情報を提供することにより、記録媒体の持出し困難化や視認性確保のための対策を容易にすることが考えられなくはありませんが、これをすべての取引先、すべての機密情報について実施することは実務上むずかしいでしょう。

　以上のような特徴から、取引先自体が主体となる情報漏えいに対する事前対応策については、記録媒体を含めた機密情報へのアクセスの制御が最大のポイントとなります。

Q30.
取引先に対するアクセスの制御のための対策例としては、どのようなものがありますか

> **Point**
> いちばん効果的な対策としては、コア情報の非開示または分散開示によるブラックボックス化があげられます。このほか、ダミー情報を混入させておくことも事後対応策の機動化をはかるうえでは重要です。

　取引先に対するアクセスの制御を中心とした対策例をあげると、次のとおりです（詳細は「秘密情報の保護ハンドブック」66頁以下参照）。
【秘密情報の提供の要否・範囲・態様を要吟味】
・コア情報の非開示／分散開示
・ダミー情報の意図的な混入
・複製不能な媒体／クラウドでの提供に限定
・施錠管理・入退室制限など
【守秘契約の締結】
・取扱者／アクセス権者の限定
・返還／消去証明義務
・定期／不定期の情報管理体制に関する監査権限

　特に重要な対策としては、コア情報の非開示または分散開示によるブラックボックス化があげられます。もちろん、実務上はなかなかむずかしい場合も少なくありませんが、このようなブラックボックス化ができるのであれば、行なうに越したことはありません。特に中国をはじめとする新興国の取引先に対して、このブラックボックス化が営業秘密防衛策として多用されてきています。

　このほか、ダミー情報を意図的に混入させることも、事後対策の機動化をはかるうえでは重要です。これは、たとえば、顧客名簿のなか

に、自社グループではないものの親密な協力先である会社を顧客として含めておき、この会社に対して取引先などが独自営業をかけた場合には、ただちに自社に連絡がくるようにするという措置です。これにより、取引先による情報漏えいの危険性をいち早く察知できるようになります。

Q31.
取引先に対して競業避止義務を課す場合のポイントには、どのようなものがありますか

> **Point**
> 問題となる製品等について、自社の市場シェアが20％以下かどうか、仮に20％超の場合は30％以下かどうかが、実務上の大きなメルクマール（判断基準）となります。

　自社の機密情報が取引先を通じて漏えいする可能性をできるだけ防止すべく、取引先に対して、類似製品の製造を禁止することなどが考えられます。このように取引先に対して競業避止義務を課す場合、独占禁止法への抵触が問題となりえます。

　この点については、状況に応じてさまざまな議論を行なう余地がありますが、結論としては、問題となる製品等について、自社の市場シェアが20％以下であれば、公正取引委員会が公表している各種ガイドラインのセーフハーバー・ルールに照らして、まず問題となることはないでしょう。

　さらにいえば、実務上は、自社の市場シェアが30％以下である場合にも、よほど特殊な事情でもない限り、当局から問題として取り上げられる可能性は低いでしょう。

　ただし、取引契約の終了後においても、そのような競業避止義務を課す場合には、短期間（通常は1〜2年前後）に留める必要があります。

2．事後対応策

Q32.
取引先の情報漏えいに対する事後対応策のポイントは何でしょうか

> **Point**
> キーカンパニーの動向に注目するなどして情報漏えいの危険性をいち早く察知するとともに、これを察知した場合には、弁護士の早期起用を含めて、ただちに有事マインド・体制に切り替えたうえで、記録媒体の返還・消去要請を行ないます。

　まず何よりも大事なのは、情報漏えいの危険性をいち早く察知することです。

　素早く察知するには、重要な機密情報の開示先である取引先（「キーカンパニー」）による発注や、競合製品等の動向に注意を払うことが一つのポイントです。

　たとえば、従前に比べてキーカンパニーから自社への発注が極端に少なくなったり、自社製品と同等性能の競合製品が新規に参入してきた場合には、情報漏えいの可能性を疑うべきでしょう。

　また、たとえば顧客情報に混入させた協力会社に対して取引先が独自営業をかけたという情報が入ってきたなど、ダミー情報が取引先によって使用された痕跡が発見された場合も（**Q30**参照）、当然ながら、情報漏えいの可能性を疑うべきでしょう。

　情報漏えいの危険性を察知した場合、取引先に対しては通常、自社の機密情報を含んだ記録媒体がすでに渡っているため、ただちに有事マインド・体制へと切り替えます。まずは情報漏えい事案の処理経験が豊富な弁護士を早期に起用しましょう。

　そのうえで、当然ながら問題となるキーカンパニーに対しては、記

録媒体の返還・消去の要請を早めに行なうことが重要です。

　もちろん、このような返還・消去要請に応じない、または不完全な対応しかなされないことが想定されますが、その場合には、民事上の差止め・損害賠償請求のみならず、記録媒体の横領等を理由とした刑事告訴も可能となり得ますので、これを真剣に検討することとなるでしょう。

2　取引先の情報の混入に対する防衛策

Q33.
他社情報の混入を防止するポイントは何でしょうか

> **Point**
> 外から見える形で、自社情報と他社情報とを分別管理することです。

　他社情報の混入（コンタミネーション）を防止するうえでのポイントは、「分別管理の外形的な確保」に尽きます。

　すなわち、自社情報と他社情報とを、外から見える形で明確に分離し、それぞれ別々の場所で保管することが重要です。

　外から見える形での分別管理は、他社情報を含む記録媒体と、自社従業員の頭のなかに残る他社情報とに分けたうえで、それぞれ実施していくことになります。

　このうち、他社情報を含む記録媒体の分別管理は、「やればできる」話であり、実務上も特段むずかしいことはありません（**Q34**参照）。

　他方で、自社従業員の頭のなかに残る他社情報の分別管理は、頭のなかを明確に分離することが事実上不可能なために、さまざまな実務上の工夫が必要になってきます。詳しくは、**Q35**を参照ください。

Q34.
他社情報を含む記録媒体の分別管理方法には、どのようなものがありますか

> **Point**
> あらかじめ、受領する他社情報を厳選・特定したうえで、これを受領する自社窓口を限定し、保管場所も自社情報とは明確に分けることなどによるトレーサビリティ（追跡可能性）の確保が重要となります。

　他社情報を含む記録媒体を分別管理するうえで重要なのは、トレーサビリティ（追跡可能性）を確保することです。

　すなわち、まずは受領する他社情報、ひいてはこれを含む記録媒体を厳選・特定します。

　次に、このように厳選・特定された他社情報を含む記録媒体について、これを受領する自社窓口を限定します。

　そのうえで、記録媒体を受領した自社窓口は、これを特定の場所／フォルダに、自社情報とは分離して保管し、その旨を記録に残します。

　以上から明らかなとおり、記録媒体の分別管理は、実務上も特段むずかしいことはなく、「やればできる」話です。逆にいえば、やればできるはずのことに取り組んでいなければ、意図的な情報混入を疑われるなど、無用なトラブルに巻き込まれる可能性を否定できませんので、注意が必要です。

Q35.
自社従業員の「頭のなか」に残る他社情報の分別管理方法には、どのようなものがありますか

> Point
> 自社開発チームと共同開発チームとの間で、人（ひと）を単位に分離をはかるのが理想ではありますが、そのような分離が困難な場合には、できるだけ自社従業員の頭のなかに残る他社情報が自社開発には利用されていないと外形的に見てとれるような工夫を施すことが必要です。

　他社情報を含む記録媒体が分別管理できているのであれば、残る問題は、自社従業員の頭のなかに残る他社情報の分別管理です。

　当然ながら、自社従業員の頭のなかに残る他社情報を明確に分離することは事実上不可能なため、実務上のさまざまな工夫が必要になってきます。

　この点について、頭のなかを明確に分離できない以上は、自社開発チームと共同開発チームとの間で、人を単位に分離をはかるのが理想ですが、開発に携わる自社従業員の数にも限界があり、有能な従業員はどのチームからも引っ張りだこという状態でしょう。そのため、人単位での完全な分離が困難なことが少なくありません。

　そこで、人単位での完全な分離ができない場合には、次善策として、以下のような優先順位で対策を検討していくことになります。

　まずは、混在を上位レベルに限定します。たとえば管理職レベルでは混在が生じているが、開発現場レベルでは人単位での分離を確保することなどが考えられます。

　混在を上位レベルに限定できない場合には、研究開発の実施場所を物理的に隔離することが考えられます。たとえば、自社開発は201号室で、共同開発は501号室で、とするものです。

　実施場所の物理的隔離もむずかしい場合には、使用パソコンや機材

等の分離を検討しましょう。もちろん、機材のなかには非常に高額で１台しか準備できないものもありえますが、せめて使用パソコンは分離をはかるようにしましょう。

　なお、以上のような対策とは別に、自社従業員に対しては、その頭のなかに残る他社情報について、共同研究開発以外では使用しないこと、開示をしないことの誓約書を、必ず事前に提出させるようにします。

Q36.
共同研究開発の対象を契約書に定める際の留意点を教えてください

> Point
> 自社開発の対象と明確に区別できる形で特定することが重要です。共同研究開発の対象に関するみなし／推定規定の内容について、自社の研究開発の実態に即して不合理な結論を招かないか、細心の注意を払う必要があります。

共同研究開発においては、各参加者が通常なら第三者に開示しない機密情報を相互に持ち寄ることが想定されているため、その成果物に関する知的財産権等については、参加者間で共有とするなど、さまざまな制限が加えられることが少なくありません。

そのような制限を伴う共同研究開発の対象と、自社開発の対象とは、できるだけ明確に区別できる形で契約書上特定することが重要です。

しかしながら、そのような特定は、契約書の文言だけでは実務上、十分になしえない可能性があるため、近時の共同研究開発契約の交渉においては、たとえば

①共同研究開発に参加する従業員が関与した類似開発 ≠ 独自開発

②共同研究開発実施場所でなされた類似開発 ≠ 独自開発

③他社情報の受領から一定期間以内になされた類似開発 ≠ 独自開発

のような、みなし／推定規定を盛り込むことを提案される場合が出てきています。このようなみなし／推定規定を盛り込むことで、共同研究開発と自社開発（＝独自開発）との合理的線引きが可能な場合もあると思われますが、その前提として、みなし／推定規定の内容が、開発の実態に即していることを慎重に確認する必要があります。

たとえば、通常は開発に携わる自社従業員の数にも限界があり、また有能な従業員はどのチームからも引っ張りだこの状態なため、自社

開発チームと共同開発チームとの間で、人単位での完全な分離は困難なことが少なくありません。人単位での完全な分離ができない場合には、当然ながら、上記①のようなみなし／推定規定を盛り込むことは避けなければなりません。

　同様に、研究開発の実施場所を物理的に隔離することもむずかしいときには、②のようなみなし／推定規定を避けなければなりません。

　また、③のようなみなし／推定規定を盛り込むにあたっては、みなし／推定効果の及ぶ「一定期間」が、「他社情報」の価値や賞味期限に照らして合理的に限定される必要があるでしょう。

第4章
営業秘密防衛策実現のポイント

Q37.
内部不正からの営業秘密防衛策を現実的なものに仕上げるポイントは何でしょうか

> **Point**
> キーパーソンと記録媒体の2つに着目し、特にキーパーソンによる記録媒体の持出しを困難にすることに最大限、注力します。

　本書では内部不正からの営業秘密防衛策について紹介してきましたが、その最大の要点は、キーパーソンと記録媒体の2つに着目し、メリハリを利かせた対応をとることです。

　具体的には、まずはキーパーソンによる記録媒体の持出しを困難にすることに最大限注力します。情報漏えいの対策に使える予算があるなら、その大部分をこの点に注ぎ込んでもよいくらいです。

　持出しを困難にする対策が現実的にむずかしいのであれば、せめて、キーパーソンの動向（特に退職の動きやその前後の電子メールの送受信記録等）をモニタリングすることが不可欠です。

　以上のポイントに着目する形で、法務・人事部門はもちろん、知的財産部門や総務部門、IT部門等が全社的に連携して対応していくことが重要です。

第5章
資料

各種契約書等の参考例（「秘密情報の保護ハンドブック」参考資料２）

＜内容＞
第１　秘密情報管理に関する就業規則（抄）の例
第２　情報管理規程の例
第３　秘密保持誓約書の例
　１．従業員等の入社時
　２．従業員等のプロジェクト参加時
　３．従業員等の退職時
　４．他社による工場見学時
第４　業務提携の検討における秘密保持契約書の例
第５　取引基本契約書（製造請負契約）（抄）の例
第６　業務委託契約書（抄）の例
第７　共同研究開発契約書（抄）の例

　各企業における秘密情報の管理・活用において参考となる各種契約書等の参考例を以下に例示しています。
　一番重要なことは、就業規則や各種契約書等の条項の内容（書きぶり）は、個別具体的事情を踏まえたうえで書き分ける必要があるということです。
　すなわち、以下はあくまで参考例の一つにすぎず、実際に就業規則や情報管理規程等を策定したり、契約書等を作成したりする際には、業務の内容、実態、秘密情報の範囲や利用態様など個別具体的事情に応じ、自社にとってどのような規律を設けることが適切であるかについて十分な検討を行なったうえで、適宜、条項の取捨選択や内容の変更が必要です。
　なお、就業規則や情報管理規程等を策定する際には、労働基準法をはじめとする労働関係法規や公益通報者保護法の趣旨等に反しないよう留意するとともに、秘密情報の利用形態を把握したうえで、当該規程等が確実に履行可能なものとなるよう、労働者と協議するなどしてコンセンサスを形成することが有効です。

第１　秘密情報管理に関する就業規則（抄）の例

第○条（服務規律）
１．従業員は、職場の秩序を保持し、業務の正常な運営を守るため、職務を遂行するにあたり、次の各号に定める事項を守らなければならない。
　○　会社の施設、設備、製品、材料、電子化情報等を大切に取り扱い保管するとともに、会社の許可なく私用に使用しないこと。
　○　（以下略）
２．従業員は、入退場に関し、次の各号に定める事項を守らなければならない。(*1)

- ○ 警備員から所持品の検査を求められたときは、応じること。
- ○ 会社の許可なく、書類や社品を会社外に持ち出さないこと。
- ○ （以下略）

3．従業員は、従業員証を常時携帯し、入場のとき又は求められたときは、直ちに提示しなければならない。

第○条（遵守事項）

従業員は、次の各号に定める事項を守らなければならない。
- ○ 会社の内外を問わず、在職中、又は退職若しくは解雇によりその資格を失った後も、会社の秘密情報（*2）を、不正に開示したり、不正に使用したりしないこと。
- ○ 従業員は、在職中及び退職後【六ヶ月間／一年間／二年間】、会社と競合する他社に就職し、また競合する事業を営まないこと。（*3）
- ○ 退職時に、会社から貸与されたパソコンや携帯電話等、会社から交付を受けた資料（紙、電子データ及びそれらが保存されている一切の媒体を含む）を全て会社に返却すること。
- ○ （以下略）（*4）

第○条（電子メール・インターネット等の適正利用）

1．従業員は、会社の電子メール、イントラネット及びインターネット（以下、総じて「インターネット等」という。）の利用に関し、次の事項を遵守して、パソコン、スマートフォン、携帯電話その他の情報通信機器（以下、総じて「端末」という。）を使用し、適切な情報ネットワーク環境の維持並びに社内情報の毀損及び漏えいの防止に努めなければならない。
- ○ 会社が従業員に貸与した端末を業務以外の目的で使用しないこと。
- ○ 私物の端末を会社の許可なく業務目的で使用しないこと。
- ○ 会社が指定したウィルス対策ソフトを適正に運用、使用すること。
- ○ 会社の内外を問わず、業務に使用する端末において、ファイル交換ソフトその他の情報管理上問題が発生する可能性があるソフトウェア等又は業務に関係のないソフトウェア等をインストールしないこと。
- ○ 会社の許可なく、私物のUSBメモリ、ハードディスク等の記録媒体又は私物の端末を、業務に利用する端末に接続しないこと。
- ○ 前項の許可を得て接続する場合は、アクセス権限のない者が操作できないようにパスワード設定をすること。
- ○ （以下略）（*5）

2．会社は、インターネット等の利用の適正化を図るため、及び会社の秘密情報の管理を図るため、次の各号に定める事項その他必要と認める事項を講ずることができる。（*6）（*7）（*8）
- ○ 必要に応じて、会社が従業員に貸与した端末若しくは会社のサーバーに保存されているデータを閲覧し、又は、情報を解析し、従業員ごとのインターネット等の利用履歴を確認すること。
- ○ 必要に応じて、従業員が送受信した社用電子メールの内容を閲覧すること。

○　ウィルス感染等を予防するため、特定のホームページへのアクセスを制限すること。

※なお、常時10人以上の従業員を使用する使用者は、労働基準法（昭和22年法律第49号）第89条の規定により、就業規則を作成し、所轄の労働基準監督署長に届け出なければならないとされています。就業規則を変更する場合も同様に、所轄の労働基準監督署長に届け出なければなりません。

(*1)　従業員の入退場に関する規定として、下記のような定めを入れておく例もあります。
　　　○　会社の指示する手続を経て入退場すること。
　　　○　日常携帯品以外の物品を携帯して入場しないこと。ただし、特に必要な場合は、会社の指示する手続をとること。
　　これに関連して、別途以下のような条項を設け、実効性を確保することも考えられます。
　　第○条（入場制限・退場命令）
　　　従業員が次の各号の一に該当すると会社が認めた場合は、入場させず、又は退場させることがある。
　　　○　入退場手続を行わないとき。
　　　○　従業員証を所持していないとき。
　　　○　警備員による所持品の検査に応じないとき。
　　　○　業務外の事由で入場しようとするとき、又は終業後退場しようとしないとき。
　　　○　（以下略）

(*2)　秘密情報のうち、特に営業秘密に属するものの範囲については、不正競争防止法上、営業秘密の要件の一つである秘密管理性の趣旨が、企業が秘密として管理しようとする対象（情報の範囲）が従業員等に対して明確化されることによって、従業員等の予見可能性、ひいては、経済活動の安定性を確保することにあることから、後掲の情報管理規程等の中で、別途指定をする旨を就業規則内に定めることも考えられます。

(*3)　競業避止義務については、「ただし、会社が従業員と個別に競業避止義務について契約を締結した場合には、当該契約によるものとすること。」などとした上で、別途退職時に誓約書等で個別合意をすることが望ましいでしょう。

(*4)　上記に掲げているものの他、従業員の秘密保持義務との関係では、下記の内容を遵守事項として規定することが考えられます。
　　　○　会社の諸規則に違反する出版、又は講演などを行わないこと。
　　　○　会社の許可なく、会社の秘密情報を無断で社外に持ち出さないこと。
　　　　（※）
　　　○　会社の許可なく、立入禁止区域に立ち入り、又は業務外の事由で自己の職場以外に立ち入り、若しくは会社の施設・敷地を利用しないこと。
　　　○　業務上知った会社の秘密情報を使用し、在職中又は退職後において

|　　　　　その公表前に直接若しくは間接的に関連株式の売買を行わないこと。|

　※上記のような規定を入れる場合、具体的な情報取扱い方法については、情報管理規程でより詳細に定めることが考えられます。

(*5)　次のような条項を入れることも考えられます。

|　　○　業務に関係のないホームページサイトにアクセスしないこと。|

(*6)　本項を社内規定に導入するにあたっても、案を策定し、事前に社内に徹底することが必要です。

　　詳細は、「個人情報の保護に関する法律についての経済産業分野を対象とするガイドライン（平成26年12月12日厚生労働省・経済産業省告示第4号）」をご覧ください。

　　http://www.meti.go.jp/policy/it_policy/privacy/downloadfiles/1212guideline.pdf

(*7)　防犯カメラについては、あらかじめ従業員に通知し、必要に応じて協議を行った上で、次のような条項を入れることが考えられます。実際に防犯カメラを設置している場所に、「防犯カメラ作動中」という標識等を立てることも考えられます。また、防犯カメラの設置等の責任者及びその権限も定めておくことが重要です。加えて、防犯カメラの設置等が適正に行われているかを監査又は確認することも重要です。

|第○条（防犯カメラの設置等）
1．会社は、会社の防犯及び秘密情報の管理のため、次の各号に定める場所その他必要と認める場所に、防犯カメラを設置し、撮影することができる。
　○　敷地出入口
　○　サーバールーム出入口及び同ルーム内
　○　（以下略）
2．会社は、次の各号に定める場合その他必要と認める場合には、防犯カメラにより撮影された画像又は動画の閲覧、保存等を行うことができる。
　○　不法侵入者のあった場合
　○　（以下略）|

(*8)　就業規則以外で定めを置く場合を含め、本項に定めるような事項を実施するにあたっては、あらかじめ従業員に通知し、必要に応じて協議を行うことが望ましいと考えられます。また、その実施に当たっての責任者及びその権限も定めておくことが重要です。加えて、実施が適正に行われているかを監査又は確認することも重要です。

第2　情報管理規程の例

（第3章3-3（2）参照）

|　　　　　　　　　　　第1章　総則
第1条（目的）
　この規程は、情報の管理に関して必要な事項を定め、もって秘密情報の適|

正な管理及び活用を図ることを目的とする。
第2条（適用範囲）
　この規程は、役員及び従業員（以下「従業員等」という。）に適用されるものとする。(*1)
第3条（定義）
　この規程において各用語の定義は、次に定めるところによる。
　① 「秘密情報」とは、会社が保有する情報のうち、第七条の規定により、秘密として保持すべきと決定した情報をいう。
　② 「文書等」とは、文書、図画、写真、USBメモリ、DVD、ハードディスクドライブその他の情報を記載又は記録するものをいう。
　③ 「電子化情報」とは、USBメモリ、DVD、ハードディスクドライブその他の電子媒体に電磁的に記録された情報であって、情報システムによって処理が可能な形態にあるものをいう。
　④ 「物件」とは、物品、製品、設備その他の文書等以外のものをいう。
第4条（秘密情報の分類）
　秘密情報として管理するため、次のとおり分類を定める。(*2)
　① 極秘　これを他に漏らすことにより会社が極めて重大な損失若しくは不利益を受ける、又はそのおそれがある秘密情報であり、原則として指定された者以外には開示してはならないもの。
　② 社外秘　極秘以外の秘密情報であり、原則として社内の者以外には開示してはならないもの。
　③ （以下略）

第2章　秘密情報の管理体制

第5条（管理責任者）
１．会社の秘密情報の管理を統括するため、秘密情報の管理に係る統括責任者（以下「統括責任者」という。）を置く。統括責任者は、役員の中から取締役会の指名により決定する。
２．各部門長及び各部門内の業務分掌単位の長は、それぞれ秘密情報管理責任者（以下「管理責任者」という。）として、本規程に定めるところにより、所管する部門及び業務分掌単位における秘密情報の管理の任にあたる。
第6条（情報管理委員会）
１．本規程の改定並びに第四条に規定する秘密情報の分類に応じた情報漏えい対策を定める規程（以下「情報管理基準」という。）の策定及び改定を行うため(*3)、情報管理委員会（以下「委員会」という。）を設ける。
２．委員会は、統括責任者を委員長とし、各部門長を委員とする。
３．委員会は、第十四条に定める監査結果を受け、本規程及び情報管理基準の改定の必要性について検討を行い、その結果をふまえて必要な措置を講じるものとする。
４．委員会の運用に関する細則（以下、「委員会運用細則」という。）は、別途定める(*4)。
第7条（指定）

1．管理責任者は、別途定めるところにより、会社が保有する情報について、秘密情報として指定するとともにその秘密情報の分類を指定し、その秘密保持期間及びアクセスすることができる者（以下「アクセス権者」という。）の範囲を特定するものとする。
2．管理責任者は、前項により指定された情報を含む文書等、電子化情報及び物件に、秘密情報である旨を明示する。
3．管理責任者は、第一項により指定された情報について、日時の経過等により秘密性が低くなり、又は秘密性がなくなった場合においては、その都度、秘密情報の分類の変更又は秘密情報の指定の解除を行うものとする。

第8条（秘密情報の取扱い）
　従業者等は、本規程及び情報管理基準に従い秘密情報を取り扱わなければならない。(*5)

第3章　従業員等

第9条（申告）
　従業員等は、業務の過程で秘密情報として指定された情報の範囲に含まれるものを取得し、又は創出した場合は、遅滞なくその内容を管理責任者に申告するものとし、管理責任者は第七条第一項に従い秘密情報の分類を指定するものとする。

第10条（秘密保持義務）
1．従業員等は、管理責任者の許可なく、秘密情報をアクセス権者以外の者に開示してはならない。
2．従業員等は、管理責任者の許可なく、秘密情報を指定された業務以外の目的で使用してはならない。

第11条（誓約書等）
1．従業員等は、情報管理基準に定める様式により、秘密保持を誓約する書面を管理責任者に提出するものとする。
2．入社前に他の職場において第三者の秘密情報に接していたと判断される従業員等は、配属先の管理責任者が必要と認めるときは、入社時に管理責任者又は統括責任者による面接を受け、個別の誓約書その他情報管理基準に定める書面を会社に提出するものとする。

第12条（退職者）
1．従業員等は、その身分を失った後においても、第十条第一項に定める秘密保持義務を遵守しなければならない。
2．管理責任者は、従業員等が退職する際、当該従業員等が在職中に知り得た秘密情報を特定するなど、当該従業員等が負う秘密保持義務等の内容を確認するものとする。
3．従業員等は、退職時に、文書等又は物件を社外に持ち出してはならず、また自己の保管する文書等又は物件をすべて会社に返還しなければならない。
4．従業員等は、退職時に、自己の文書等に記録等された秘密情報を消去するとともに、消去した旨の誓約書（自己の文書等に秘密情報が記録等され

ていないときは、その旨の誓約書）を管理責任者に提出しなければならない。
5．従業員等は、退職後において、前二項に定める文書等、物件、又は秘密情報のうちで、過失により返還又は消去していないものを発見した場合には、速やかに前二項に定める措置を講じるものとする。

第13条（教育）
　管理責任者は、従業員等に対してこの規程の内容を周知徹底させるため適切な教育を行い、従業員等の秘密情報の管理に関する意識の高揚、維持に努めるものとする。

第14条（監査）
1．管理責任者は、本規程を遵守し、秘密情報を管理するため、所管する部門や業務分掌単位における監査を行い、その結果を統括責任者に報告するものとする。
2．従業員等は、前項の監査に誠実に協力しなければならない。

第4章　社外対応

第15条（秘密情報の開示を伴う契約等）
　人材派遣会社、委託加工業者、請負業者等の第三者に対し、会社の業務に係る製造委託、業務委託等をする場合、又は、実施許諾、共同開発その他の秘密情報の開示を伴う取引等を行う場合、当該会社との契約において相手方に秘密保持義務を課すほか、秘密保持に十分留意するものとする。

第16条（第三者の情報の取扱い）
1．従業員等は、第三者から情報の開示を受ける場合、当該情報を秘密として取り扱うべきか否か、及び当該情報の開示につき、当該第三者が正当な権限を有することの確認をしなければならない。
2．前項に定める場合において、従業員等は、当該第三者が正当な権限を有しないとき又は正当な権限を有するか否かにつき疑義のあるときには、当該情報の開示を受けてはならない。
3．従業員等は、第一項により開示を受ける情報については、当該第三者との間で、その使用又は開示に関して会社が受ける制約条件を明確にしなければならない。
4．第一項により開示を受けた情報を使用又は開示する場合は、前項の会社が受ける制約条件に従うものとし、当該情報は会社の秘密情報と同等に取り扱うものとする。

第17条（外来者・見学）
　事業場長は、必要に応じ、統括責任者の同意を得て、外来者への応対、施設の見学等に関する運用手続（秘密保持契約の締結、立入禁止区域の設定その他の秘密保持のための措置に関する記載を含む。）を定めるものとする。

第5章　雑則

第18条（罰則）
　従業員等が故意又は重大な過失により、この規程に違反し、就業規則に定める各種懲戒に該当する場合は、同規則により措置される。

(*1) 自社に派遣されている派遣労働者や自社内において勤務する委託先の労働者については、自社との間に、雇用契約等直接の契約関係が存在しないので、第15条に例示したように、派遣元企業や委託先企業との間で、秘密保持契約等を締結し、派遣元企業や委託先企業を介して、自社における秘密情報の取扱いを遵守してもらう形になります。

(*2) 「役員外秘」、「部外秘」、「社外秘」等の、アクセスできる者の範囲が認識できるような名称の分類とすることも考えられます。もしくは、秘密情報が記録された媒体等に、アクセスできる者の範囲や当該情報の取扱い方法等とともに、秘密情報の分類の名称を表示することも考えられます。

(*3) 対策の詳細については、「3－4 具体的な情報漏えい対策例」をご参照ください。

(*4) 委員会の運用細則において、誰が情報の評価を行い、誰がどのような観点から情報の利用態様を分析するか、どのようにして秘密情報を分類するか等の決定手続を定めることが考えられます。

(*5) 情報管理基準は、各社が選択した漏えい対策等を踏まえて定めることになります。情報管理基準のイメージは以下の通りです。

情報管理基準（例）

※この例では、秘密情報が「極秘」と「対外秘」の2分類あり、「極秘」は社内でアクセスできる者を限定して、情報を施錠管理し、複製や社外への持出しを原則的に禁止する情報、「対外秘」は対外的に秘密として保持する情報であり、複製や社外への持出しは必要最低限にすることが求められる情報と想定し、本基準例を作成しています。

※本基準例の用語は、前掲の情報管理規程の例に則っています。

1．極秘情報の取扱い
　極秘情報を含む文書等、電子化情報及び物件の取扱いは、次のとおりとする。
(1) 表示
・極秘情報が記録された文書等には、「極秘」及びアクセス権の範囲（例えば、「役員限り」「製造部限り」等）を表示する。
・電子化情報自体が極秘情報である場合は、電子文書そのもの及びファイル名に「極秘」及びアクセス権の範囲を表示する。
・物件自体が極秘情報である場合は、管理責任者が物件リストを作成してアクセス権者において共有し、当該物件の保管場所に「極秘」及び「無断持出禁止」の表示を行う。
(2) 保管
・極秘情報が記録された文書等を保管する場合には、他の文書等と区別して、保管庫に施錠して保管する。当該保管庫の鍵は、管理責任者が管理する。
・電子化情報自体が極秘情報である場合に、当該電子化情報をPC等の情報システム機器に保管する場合には、暗号化し、外部ネットワークに接続しないPC等に保管する。当該PC等を保管する区域は施錠管理

　　　　する。
　　　　当該区域の鍵は管理責任者が管理する。
(3) 複製
・ 極秘情報の複製・印刷は、管理責任者以外はすることができない。
・ 電子化情報自体が極秘情報である場合は、当該電子化情報を保管するPC等が設置された区域には私物の電子媒体（USBメモリ等）、カメラ、スマートフォン等の機器の持込みを禁止する。また当該電子化情報を保管するPCはUSB等の差込口を無効化したものを使用する。
・ 極秘情報である電子化情報の全部又は一部については、印刷、転記、USBメモリ等の記録媒体への書込み及びメールへの添付ができない設定とする。
(4) 閲覧
・ 極秘情報が記録された文書等をアクセス権者以外の者に閲覧させてはならない。
・ 極秘情報が記録された文書等を他のアクセス権者に閲覧させるにあたっては、管理責任者の許可を得なければならない。
・ 極秘情報である電子化情報へのアクセスはアクセス権者のIDからのみ可能とする。閲覧の際は他者に読み取られないように注意する。
・ 管理責任者は、閲覧者氏名、日時、閲覧した情報の内容等を記録する。
(5) 配布
・ 極秘情報が記録された文書等を会議等で資料として配布する場合は、通し番号を付し、会議後回収する。
(6) 社外への持出し
・ 極秘情報が記録された文書等、電子化情報及び物件を持ち出すに当たっては、管理責任者の許可を得なければならない。
・ 管理責任者の許可を得て文書等を社外に持ち出す場合には（電子化情報は暗号化するなどの措置を講じた上で）取扱者自らが携行し、滞在先では保管庫に保管する等紛失しないよう適切な措置を講ずる。
・ 管理責任者の許可を得て電子化情報を外部に電子メール等で送信する場合には、暗号化等の適切な措置を行う。
(7) 第三者への提供
・ 取引先等の第三者に対し、極秘情報を開示する必要が生じた場合は、管理責任者の許可を得なければならない。極秘情報の開示、提供した極秘情報の管理等については、管理責任者の指示の下で行う。
(8) 廃棄
・ 極秘情報の利用者は、無断で、極秘情報が記録された文書等及び物件の廃棄並びに電子化情報の消去をすることができない。
・ 極秘情報が記録された文書等及び物件の廃棄並びに電子化情報の消去にあたっては、管理責任者の管理の下行う。
・ 管理責任者は、電子化情報をフォルダ等から消去する際は、第三者が残留情報を読みとることができないように情報を消去しなければなら

ない。
　・　管理責任者は、極秘情報が記録された文書等及び物件を廃棄する際は、裁断、焼却、溶解等、第三者が残留情報を読みとることができないよう適切な方法により廃棄が行われるようにしなければならない。文書等が電子媒体（USBメモリ、PC等）である場合には、第三者が残留情報を読み取ることができないよう電子化情報を消去した上で廃棄しなければならない。
 ２．対外秘情報の取扱い
　　対外秘情報を含む文書等、電子化情報及び物件の取扱いは、次のとおりとする。
(1) 表示
　・　対外秘情報が記録された文書等には、「対外秘」と表示する。
　・　電子化情報自体が対外秘情報である場合には、電子文書そのもの及びファイル名に「対外秘」と表示する。
　・　物件自体が対外秘情報である場合は、管理責任者が物件リストを作成して社内で共有し、その物件の保管場所に「対外秘」及び「無断持出禁止」の表示を行う。
(2) 保管
　・　対外秘情報が記録された文書等を保管する場合には、他の文書等と区別して保管する。
　・　電子化情報自体が対外秘情報である場合に、当該電子化情報をPC等の情報システム機器に保管する場合には、暗号化し、分離されたフォルダ等に保管する。
　・　対外秘情報をUSBメモリ等の記録媒体等に保管する場合には、暗号化する。
(3) 複製
　・　対外秘情報の複製・印刷・撮影は、業務上やむを得ない場合を除いて、行ってはならない。
　・　対外秘情報の複製・印刷は、外部者に読み取られないよう完了後ただちに回収する。
(4) 閲覧
　・　対外秘情報が記録された文書等を外部者に閲覧させてはならない。
　・　対外秘情報である電子化情報の画面表示は、外部者に読み取られないように注意する。
(5) 配布
　・　対外秘情報が記録された文書等の配布・送付に当たっては、文書への「対外秘」表示、取扱い方法についての説明、資料の回収等、社外に対外秘情報が漏えいしないよう、必要な措置を講ずる。
　・　対外秘情報である電子化情報をメールで送信する場合には、暗号化した上で送信する。
(6) 社外への持出し

- 対外秘情報の記録された文書等及び物件を持ち出す必要がある場合には（電子化情報は暗号化するなどの措置を講じた上で）取扱者自らが携行し、滞在先では保管庫に保管する等紛失しないよう適切な措置を講ずる。
- 対外秘情報が記録された文書等のうち、PCやUSBメモリ等の電子媒体を持出す場合には、保管された電子化情報を暗号化する。
- 対外秘情報である電子化情報を外部に電子メール等で送付する場合には、暗号化等の適切な措置を行う。

(7) 第三者への提供
- 取引先等の第三者に対し、対外秘情報を開示する必要が生じた場合は、管理責任者の許可を得なければならない。対外秘情報の開示、提供した対外秘情報の管理等については、管理責任者の指示の下で行う。

(8) 廃棄
- 対外秘情報である電子化情報をフォルダ等から消去する際は、管理責任者が指定した方法により、第三者が残留情報を読みとることができないように情報を消去しなければならない。
- 対外秘情報が記録された文書等及び物件を廃棄する際は、管理責任者によって指定された場所に持込まなければならない。文書等が電子媒体である場合には、第三者が残留情報を読み取ることができないよう電子化情報を消去した上で指定された場所に持ち込まなければならない。
- 管理責任者は、指定された場所に持込まれた文書等及び物件を廃棄する際は、裁断、焼却、溶解等、第三者が残留情報を読みとることができないよう適切な方法により廃棄が行われるようにしなければならない。文書等が電子媒体である場合には、対外秘情報が消去されていることを確認の上、適切な廃棄が行われるようにしなければならない。

第3 秘密保持誓約書の例

※秘密保持契約といっても様々なものが存在します。以下では、秘密保持契約締結のタイミングや契約の相手方に応じて、いくつかの例を掲載します。

1．従業員等の入社時

秘密保持に関する誓約書

この度、私は、貴社に採用されるにあたり、下記事項を遵守することを誓約いたします。

記

第1条（在職時の秘密保持）

貴社就業規則及び貴社情報管理規程を遵守し、次に示される貴社の秘密情報(*1)について、貴社の許可なく、不正に開示又は不正に使用しないことを

約束いたします。
① 製品開発に関する技術資料、製造原価及び販売における価格決定等の貴社製品に関する情報
② （以下略）

第2条（退職後の秘密保持）
　前条各号の秘密情報については、貴社を退職した後においても、不正に開示又は不正に使用しないことを約束いたします。退職時に、貴社との間で秘密保持契約を締結することに同意いたします。

第3条（損害賠償）
　前二条に違反して、第一条各号の秘密情報を不正に開示又は不正に使用した場合、法的な責任を負担するものであることを確認し、これにより貴社が被った一切の被害を賠償することを約束いたします。

第4条（第三者の秘密情報）(*2)
1．第三者の秘密情報を含んだ媒体（文書、図画、写真、USBメモリ、DVD、ハードディスクドライブその他情報を記載又は記録するものをいう。）を一切保有しておらず、また今後も保有しないことを約束いたします。
2．貴社の業務に従事するにあたり、第三者が保有するあらゆる秘密情報を、当該第三者の事前の書面による承諾なくして貴社に開示し、又は使用若しくは出願（以下「使用等」という。）させない、貴社が使用等するように仕向けない、又は貴社が使用等しているとみなされるような行為を貴社にとらせないことを約束いたします。

第5条（第三者に対する守秘義務等の遵守）(*2)
　貴社に入社する前に第三者に対して守秘義務又は競業避止義務を負っている場合は、必要な都度その旨を上司に報告し、当該守秘義務及び競業避止義務を守ることを約束いたします。
(*3)

以上

平成　　年　　月　　日
株式会社＿＿＿＿＿＿＿＿＿
代表取締役社長＿＿＿＿＿＿＿＿＿殿

住　所＿＿＿＿＿＿＿＿＿＿＿＿＿
　　　＿＿＿＿＿＿＿＿＿＿＿＿＿
氏　名＿＿＿＿＿＿＿＿＿＿　印

(*1)　情報管理規程等において、別途秘密情報の範囲が指定されている場合には、第1条各号に代わり、当該規程等を用いることも考えられます。
(*2)　特に転職者の入社時などに、他社の情報を意図せず侵害することを防止するという観点から、このような条項を設けることが望ましいでしょう。
(*3)　情報の帰属について、以下のような誓約事項を設ける例も考えられます。

> 第○条（創出等した情報の報告及び帰属）
> 1. 貴社により秘密情報として指定された情報の範囲に含まれるものについて、その創出又は取得に関わった場合には、遅滞なくその内容を貴社に報告します。
> 2. 前項の情報については、私がその創出又は取得に携わった場合であっても、貴社業務上作成したものであることを確認し、当該情報の帰属が貴社にあることを確認いたします。また当該情報について私に帰属する一切の権利を貴社に譲渡し、その権利が私に帰属する旨の主張をいたしません。

2．従業員等のプロジェクト参加時

秘密保持に関する誓約書

　　　　　　　　　　　　　　　　　　　　　年　　月　　日

＿＿＿＿＿＿＿＿＿＿株式会社
＿＿＿＿＿＿＿＿＿＿工場
＿＿＿＿＿＿＿＿＿＿殿

プロジェクト名＿＿＿＿＿＿＿＿＿＿＿＿＿＿＿＿＿＿

現住所＿＿＿＿＿＿＿＿＿＿＿＿＿＿＿＿＿＿＿＿＿
氏　名＿＿＿＿＿＿＿＿＿＿＿印
生年月日＿＿＿＿年＿＿＿月＿＿＿日生

　私は、上記プロジェクト（以下「本プロジェクト」という。）に参画するにあたり、秘密情報の取扱いに関し、就業規則、情報管理規程、及びすでに提出した誓約書（ただし、これらのうち私に適用されないものがある場合はそれを除く。）に基づく義務を負うことを確認し、加えて以下を誓約いたします。

記

第1条（秘密保持の誓約）
　会社の許可なく、本プロジェクトに関して会社が秘密情報として指定した情報（以下「対象秘密情報」という。）を、本プロジェクトの参画者以外の者に対し開示し、又は本プロジェクト遂行の目的以外に使用しないことを約束いたします。(*1)
第2条（プロジェクト終了後の秘密保持等）
1. 対象秘密情報を、公知になったものを除き、本件プロジェクト終了後（退職後も含む。）も、不正に開示又は不正に使用しないことを約束いたします。
2. 本プロジェクトを終了するとき、本プロジェクトを担当しなくなったとき、又は会社による要求があるときには、対象秘密情報が記録等された会社の文書等（文書、図画、写真、USBメモリ、DVD、ハードディスクド

> ライブその他の情報を記載又は記録するものをいう。以下同じ。）又は物件であって自己の保管するものを、遅滞なくすべて会社に返還し、その旨書面にて報告いたします。
> 3．前項に定める場合において、対象秘密情報が自己の文書等に記録等されているときには、当該情報を消去するとともに、消去した旨（自己の文書等に対象秘密事項が記録等されていないときは、その旨）、書面にて報告いたします。
>
> 第3条（第三者に対する守秘義務の遵守）
> 　第三者に対して守秘義務を負っている情報については、本プロジェクトにおいて知り得たかそれ以前から知っていたかにかかわらず、その守秘義務を遵守することを約束いたします。
> (*2)
>
> 　　　　　　　　　　　　　　　　　　　　　　　　　　　　以上

(*1)　秘密保持の対象として指定すべき情報については、プロジェクトの進行等に伴い、その範囲や内容がより特定することが考えられることから、プロジェクトの進行途中又は終了時において、適宜情報の範囲・内容の特定をより具体化することが望ましいです。

(*2)　情報の帰属に関して、以下のような誓約事項を設ける例も考えられます。

> 第○条（情報の帰属）
> 　本プロジェクトの業務の成果である情報は会社に帰属することを確認し、異議を述べません。

3．従業員等の退職時

> 　　　　　　　　　　　　　秘密保持誓約書
> 　私は、平成　　年　　月　　日付にて、一身上の都合により、貴社を退職いたしますが、貴社秘密情報に関して、下記の事項を遵守することを誓約いたします。
> 　　　　　　　　　　　　　　　記
> 第1条（秘密保持の確認）
> 　私は貴社を退職するにあたり、次に示される貴社の秘密情報に関する一切の資料、媒体等（文書、図画、写真、USBメモリ、DVD、ハードディスクドライブその他情報を記載又は記録するものをいう。）について、原本はもちろん、そのコピー及び関係資料等を、直ちに貴社に返還、消去又は廃棄し、その情報を自ら保有していないことを確認いたします。
> 　①　製品開発に関する技術資料、製造原価及び販売における価格決定等の貴社製品に関する情報
> 　②　（以下略）
>
> 第2条（退職後の秘密保持の誓約）
> 　前条各号に掲げる貴社の秘密情報を、貴社退職後においても、不正に開示

又は不正に使用しないことを約束いたします。
第3条（契約の期間、終了）
　本契約は、○○年間有効とします。ただし、第一条各号の秘密情報が公知となった場合は、その時点をもって本契約は終了することとします。
(*1) (*2) (*3)

以上

平成　　年　　月　　日
株式会社＿＿＿＿＿＿＿＿＿＿
代表取締役社長＿＿＿＿＿＿＿＿＿＿　殿

　　　　　　　　　　　住　所＿＿＿＿＿＿＿＿＿＿＿＿

　　　　　　　　　　　氏　名＿＿＿＿＿＿＿＿＿＿　印

(*1) 競業避止義務に関して、以下のような規定を設ける例も考えられます。ただし、退職後の競業避止義務については、その有効性が認められるためには、企業側の守るべき利益の存在を前提として、従業員の地位、地域的限定、競業避止義務の存続期間、禁止される競業行為の範囲、代償措置等について、具体的事情の下で合理的なものとなるように考慮する必要があるものと考えられます。

> 第○条（競業避止義務の確認）
> 　貴社を退職するにあたり、退職後一年間、貴社からの許諾がない限り、次の行為をしないことを誓約いたします。
> ①　貴社で従事した○○の開発に係る職務を通じて得た経験や知見が貴社にとって重要な企業秘密及びノウハウであることに鑑み、当該開発及びこれに類する開発に係る職務を、貴社の競合他社（競業する新会社を設立した場合にはこれを含む。以下同じ。）において行うこと
> ②　貴社で従事した○○に係る開発及びこれに類する開発に係る職務を、貴社の競合他社から契約の形態を問わず、受注又は請け負うこと

(*2) 競業避止義務を課す場合には補償手当を支給する場合には、以下のような定めを設ける例も考えられます。

> 第○条（補償手当）
> 　私は、本誓約書の遵守のため、貴社給与及び退職金のほか、補償手当○○○円の交付を受けたことを確認いたします。

(*3) 秘密情報の帰属に関して、以下のような誓約事項を設ける例も考えられます。

> 第○条（秘密情報の帰属）
> 　第一条各号の秘密情報は貴社に帰属することを確認いたします。また当該秘密情報に関し、私に帰属する一切の権利を貴社に譲渡し、貴社に対し当該秘密情報が私に属している旨の主張を行いません。

4．他社による工場見学時
（製造業者が、自社の工場を他社の従業員に見学させる際に用いる誓約書の例）

秘密保持誓約書

＿＿＿年＿＿＿月＿＿＿日

＿＿＿＿＿＿＿＿株式会社
＿＿＿＿＿＿＿＿工場
＿＿＿＿＿＿＿＿殿

　　　　　　　　　　　　　　　　株式会社＿＿＿＿＿＿＿＿＿
　　　　　　　　　　　　　　　　代表取締役社長＿＿＿＿＿＿＿

　この度、当社の従業員＿＿＿＿＿＿＿＿が平成＿＿年＿＿月＿＿日、貴社○○工場における　工程を見学させていただくにあたり、下記の事項を厳守することを誓約いたします。

記

第1条（秘密保持の誓約）
　当社は、貴工場の見学に際し、貴社が当社に開示し、かつ開示の際に秘密である旨明示した一切の情報（以下「秘密情報」といいます。）(*1) について、厳に秘密を保持するものとし、事前に貴社の書面による承諾を得た場合を除き、第三者に秘密情報を開示いたしません。ただし、当社が書面によってその根拠を立証できる場合に限り、以下の情報は秘密情報の対象外とさせていただきます。
　①　貴社から開示を受けたときに既に当社が保有していた情報
　②　貴社から開示を受けたときに既に公知であった情報
　③　貴社から開示を受けた後、当社の責めに帰し得ない事由により公知となった情報

第2条（承諾を得ない使用の禁止）
　当社は、貴社から開示された秘密情報を、貴社の事前の書面による承諾を得た場合を除き、使用いたしません。

第3条（従業員に対する開示）
　当社は、秘密情報を必要最小限の範囲において当社の従業員に開示します。この場合、当社は、秘密情報を知り得た当社の従業員（貴工場を見学した従業員も含む。）について、その在職中及び退職後○年間は、本誓約書と同趣旨の義務を課すこととさせていただきます。

第4条（損害賠償）
　当社、当社の従業員又は当社の元従業員が、本誓約書に記載する事項のいずれかに違反したことにより、貴社に損害が生じた場合には、当社が一切の責任を負うものとし、貴社の被った一切の損害を賠償いたします。

以上

(*1) 秘密保持の対象とする情報の定義と呼称（例えば、「企業秘密」、「秘密情報」など。）については、当該開示の趣旨や取引慣行等に応じて様々なものが考えられます。なお、上記では「一切の情報」と書いていますが、秘密保持の対象となる情報の特定ができる場合には、できる限り具体的に行うことが重要です。

第4　業務提携の検討における秘密保持契約書の例
（他社との業務提携の検討にあたり、当該企業同士が用いる契約書の例(*1)）

秘密保持契約書

　　　　　　株式会社（以下「甲」という。）と　　　　　　株式会社（以下「乙」という。）とは、　　　　　　について検討するにあたり（以下「本取引」という。）、甲又は乙が相手方に開示する秘密情報の取扱いについて、以下のとおりの秘密保持契約（以下「本契約」という。）を締結する。

第1条（秘密情報）(*2) (*3) (*4)
　本契約における「秘密情報」とは、甲又は乙が相手方に開示し、かつ開示の際に秘密である旨を明示した技術上又は営業上の情報、本契約の存在及び内容その他一切の情報をいう。
　ただし、開示を受けた当事者が書面によってその根拠を立証できる場合に限り、以下の情報は秘密情報の対象外とするものとする。
① 開示を受けたときに既に保有していた情報
② 開示を受けた後、秘密保持義務を負うことなく第三者から正当に入手した情報
③ 開示を受けた後、相手方から開示を受けた情報に関係なく独自に取得し、又は創出した情報
④ 開示を受けたときに既に公知であった情報
⑤ 開示を受けた後、自己の責めに帰し得ない事由により公知となった情報

第2条（秘密情報等の取扱い）
1. 甲又は乙は、相手方から開示を受けた秘密情報及び秘密情報を含む記録媒体若しくは物件（複写物及び複製物を含む。以下「秘密情報等」という。）の取扱いについて、次の各号に定める事項を遵守するものとする。
① 情報取扱管理者を定め、相手方から開示された秘密情報等を、善良なる管理者としての注意義務をもって厳重に保管、管理する。
② 秘密情報等は、本取引の目的以外には使用しないものとする。
③ 秘密情報等を複製する場合には、本取引の目的の範囲内に限って行うものとし、その複製物は、原本と同等の保管、管理をする。(*5)
④ 漏えい、紛失、盗難、盗用等の事態が発生し、又はそのおそれがあることを知った場合は、直ちにその旨を相手方に書面をもって通知する。

⑤　秘密情報の管理について、取扱責任者を定め、書面をもって取扱責任者の氏名及び連絡先を相手方に通知する。(*6)
２．甲又は乙は、次項に定める場合を除き、秘密情報等を第三者に開示する場合には、書面により相手方の事前承諾を得なければならない。この場合、甲又は乙は、当該第三者との間で本契約書と同等の義務を負わせ、これを遵守させる義務を負うものとする。
３．甲又は乙は、法令に基づき秘密情報等の開示が義務づけられた場合には、事前に相手方に通知し、開示につき可能な限り相手方の指示に従うものとする。

第３条（返還義務等）
１．本契約に基づき相手方から開示を受けた秘密情報を含む記録媒体、物件及びその複製物（以下「記録媒体等」という。）は、不要となった場合又は相手方の請求がある場合には、直ちに相手方に返還するものとする。
２．前項に定める場合において、秘密情報が自己の記録媒体等に含まれているときは、当該秘密情報を消去するとともに、消去した旨（自己の記録媒体等に秘密情報が含まれていないときは、その旨）を相手方に書面にて報告するものとする。

第４条（損害賠償等）
　甲若しくは乙、甲若しくは乙の従業員若しくは元従業員又は第二条第二項の第三者が相手方の秘密情報等を開示するなど本契約の条項に違反した場合には、甲又は乙は、相手方が必要と認める措置を直ちに講ずるとともに、相手方に生じた損害を賠償しなければならない。

第５条（有効期限）
　本契約の有効期限は、本契約の締結日から起算し、満○年間とする。期間満了後の○ヵ月前までに甲又は乙のいずれからも相手方に対する書面の通知がなければ、本契約は同一条件でさらに○年間継続するものとし、以後も同様とする。

第６条（協議事項）
　本契約に定めのない事項について又は本契約に疑義が生じた場合は、協議の上解決する。

第７条（管轄）
　本契約に関する紛争については○○地方（簡易）裁判所を第一審の専属管轄裁判所とする。

本契約締結の証として、本書を二通作成し、両者署名又は記名捺印の上、各自一通を保有する。

平成＿＿＿年＿＿＿月＿＿＿日

　　　　　　　　　　　　　　　　（甲）＿＿＿＿＿＿＿＿＿＿＿＿＿＿＿＿
　　　　　　　　　　　　　　　　（乙）＿＿＿＿＿＿＿＿＿＿＿＿＿＿＿＿

(*1) 秘密保持契約書を締結する場合のほか、業務提携に係る契約の中で上記の例のような秘密保持条項を盛り込む場合も考えられます。なお、本例のように、業務提携に係る契約とは別に秘密保持契約を締結する場合には、業務提携に係る契約書において、別途、秘密保持契約書を締結する旨を明示し、何に関連する秘密保持契約であるのか等、契約関係を明確にすることが有効です。

(*2) この他、業務提携に向けた検討の事実それ自体が秘密情報に含まれると定めることもあります。その場合、業務提携の検討の事実については、第5条に定める有効期限は他の秘密情報と比べて相対的に短く、自動更新条項は置かずに6か月〜2年程度となることが一般的です。また、業務提携を合意した時点での当該業務提携の事実についての公表は、事前に双方同意のもとで行う旨を併せて規定することも考えられます。

(*3) 秘密保持の対象とする情報の定義と呼称(例えば、「企業秘密」、「秘密情報」など。)については、当該開示の趣旨や取引慣行等に応じて様々なものが考えられます。なお、上記では「一切の情報」と書いていますが、秘密保持の対象となる情報の特定ができる場合には、できる限り具体的に行うことが重要です。

(*4) 秘密情報の対象をより明確化するためには、秘密保持の対象情報を別紙でリスト化し、随時更新することも考えられ、その場合には以下の規定を追加することも考えられます。

> 甲が乙に秘密である旨を指定して開示する情報は、別紙のとおりである。なお、別紙は甲と乙とが協力し、常に最新の状態を保つべく適切に更新するものとする。

また、口頭や映像等で情報が開示される場合に備え、以下の規定を追加することも考えられます。

> 甲又は乙が口頭により相手方から開示を受けた情報については、改めて相手方から当該事項について記載した書面の交付を受けた場合に限り、相手方に対し本規程に定める義務を負うものとする。

> 口頭、映像その他その性質上秘密である旨の表示が困難な形態又は媒体により開示、提供された情報については、開示者が相手方に対し、秘密である旨を開示時に伝達し、かつ、当該開示後○日以内に当該秘密情報を記載した書面を秘密である旨の表示をして交付することにより、秘密情報とみなされるものとする。

(*5) 複製を行うことについては、事前の書面による承諾を求めると、受領者において情報の円滑な活用が阻害される可能性が懸念されます。そこで、以下のような条項を設け、いつどのような複製物を作成したかをリスト化し、返還・消去の対象を明確化することも考えられます。

> 複製物を作成した場合には、複製の時期、複製された記録媒体又は物件の名称を別紙のとおり記録し、相手方の求めに応じて、当該記録を開示するものとする。

(*6) 取扱責任者等、秘密情報の授受を行う窓口を決定し、当該窓口経由でのみ

秘密情報の開示を行う場合も考えられます。

第5　取引基本契約書（製造請負契約）（抄）の例
（（金型）製造業者（乙）が、取引先（甲）から試作品・金型及びこれに付帯する製品の製作、改造又は修理を請け負う場合の基本契約書の条項の例）

第○条（仕様書、図面の確認等）
　甲又は乙は、相手方から交付された図面、仕様書その他の指示について疑義がある場合は相手方に申出るものとし、相手方はこれに対し、書面により指示等を行うものとする。

第○条（目的物の価格）
1．甲又は乙は、設計仕様、金型製作仕様、品質、納期、納入方法、支払方法、材料費、労務費、諸経費、検査方法、市場の動向などの諸要素を考慮した合理的な算定方式に基づき、見積書等により協議の上、目的物の価格を定めるものとする。
2．個別契約成立後、価格決定の基礎となった条件が変更される場合は、価格について協議するものとする。

第○条（秘密保持）
1．甲又は乙は、基本契約又は個別契約により知り得た相手方の営業上又は技術上の情報のうちで、相手方が秘密である旨を明示したもの（以下「秘密情報」という。）(*1)(*2)を、次項に定める場合を除き、相手方の承諾を得ない限り、第三者に開示若しくは漏えい、又は本契約の目的以外に使用してはならない。ただし、開示を受けた当事者が、書面によってその根拠を立証できる場合に限り、以下の情報は秘密情報の対象外とするものとする。
　① 開示を受けたときに既に保有していた情報
　② 開示を受けた後、秘密保持義務を負うことなく第三者から正当に入手した情報
　③ 開示を受けた後、相手方から開示を受けた情報に関係なく独自に取得し、又は創出した情報
　④ 開示を受けたときに既に公知であった情報
　⑤ 開示を受けた後、自己の責めに帰し得ない事由により公知となった情報
2．甲又は乙は、法令に基づき前項に規定する秘密情報の開示が義務づけられた場合には、事前に相手方に通知し、開示につき可能な限り相手方の指示に従うものとする。

第○条（図面等の管理）
1．甲又は乙は、相手方が貸与し又は提出した図面、仕様書等の保管管理については、厳重にこれを行うものとし、相手方の承諾がない限り、第三者に開示してはならない。

2．甲又は乙は、本契約又は個別契約に基づき開示を受けた秘密情報を含む図面及び仕様書並びにその複製物(以下「図面等」という。)について、不要となった場合又は相手方の請求がある場合には、直ちに相手方に返還するものとする。
3．前項に定める場合において、秘密情報が自己の図面等に含まれているときは、当該秘密情報を消去するとともに、消去した旨(自己の図面等に秘密情報が含まれていないときは、その旨)、相手方に書面にて報告するものとする。

第○条（知的財産権等）
1．甲と乙との共同研究により取得した知的財産権の帰属は、甲と乙とが協議して定めるものとする。
2．目的物の製作に関する設計上の考案、設計図面、又は製作情報に関する知的財産権は、原則として乙に帰属する。(*3)
3．甲又は乙は、相手方の図面若しくは仕様書により製作された目的物又はその製作方法に関連し知的財産権の出願を行う場合には、事前にその旨を相手方に申出て書面による承諾を得なければならない。この場合、知的財産権の帰属等に関しては、その貢献度に応じて甲と乙とが協議して定める。
4．甲又は乙は、目的物に関わる知的財産権を第三者に譲渡又は実施権設定の許諾を行う場合は、相手方の書面による承諾を得るものとする。
5．甲又は乙は、目的物につき第三者との間に知的財産権上の権利侵害等の紛争が生じたときは、相手方に書面で通知し、甲及び乙のうちその責めに帰すべき者が、その負担と責任において処理・解決するものとする。

第○条（目的物等に化体された秘密情報の帰属等）(*3)
1．目的物及び成果物に化体された秘密情報は、乙に帰属する。
2．甲は、乙から示された前項の秘密情報の秘密性を保全し、○○において自ら○○の製造に用いるためにのみ使用することができる。
3．甲は、第一項の秘密情報（これが化体した目的物又は成果物を含む。）を第三者に開示する場合又はその複製を作成する場合には、書面により乙の事前の承諾を得るものとする。
4．その他当該秘密情報の取扱いについて疑義が生じた場合には、甲と乙とが協議するものとする。

第○条（製作・販売の禁止）
　甲又は乙は、相手方の書面による事前の承諾を得ない限り、第三者に対し相手方の図面、又は仕様書による製作又は販売を行ってはならない。
(*4)

(*1)　秘密保持の対象とする情報の定義と呼称（例えば、「企業秘密」、「秘密情報」など。）については、当該開示の趣旨や取引慣行等に応じて様々なものが考えられます。なお、上記では特に限定を付していませんが、秘密保持の対象となる情報の特定ができる場合には、できる限り具体的に行うことが重要です。
(*2)　秘密情報の対象をより明確化するためには、秘密保持の対象情報を別紙で

リスト化し、随時更新することも考えられ、その場合には以下の規定を追加することも考えられます。

> 甲が乙に秘密である旨を指定して開示する情報は、別紙のとおりである。なお、別紙は甲と乙とが協力し、常に最新の状態を保つべく適切に更新するものとする。

また、口頭や映像等で情報が開示される場合に備え、以下の規定を追加することも考えられます。

> 甲又は乙が口頭により相手方から開示を受けた情報については、改めて相手方から当該事項について記載した書面の交付を受けた場合に限り、相手方に対し本規程に定める義務を負うものとする。

> 口頭、映像その他その性質上秘密である旨の表示が困難な形態又は媒体により開示、提供された情報については、開示者が相手方に対し、秘密である旨を開示時に伝達し、かつ、当該開示後○日以内に当該秘密情報を記載した書面を秘密である旨の表示をして交付することにより、秘密情報とみなされるものとする。

(*3) 目的物等の価格に乙が業務の過程において創出等した情報の対価を含めたり、甲から製造方法に関する情報や図面などが提供されることによって情報の創出に対する甲の寄与度が著しく高いと考えられたりする等の事情により、乙が業務の過程において創出等した情報を甲に帰属させることについて合意がなされている場合においては上記の「知的財産権等」第二項及び「目的物等に化体された秘密情報の帰属等」の規定に代わり、以下の内容を定めることも考えられます。

> 第○条（知的財産権の帰属等）
> 　２．目的物の製作に関する設計上の考案、設計図面、又は製作情報に関する知的財産権は、甲に帰属する。
> 第○条（目的物等に化体された秘密情報の帰属等）
> 　目的物及び成果物に化体された秘密情報は、甲に帰属する。

(*4) 以上のほか、秘密保持義務の違反時における損害賠償の責任（第４の第４条参照）を規定することは、情報漏えいを抑止する効果があります。

第６　業務委託契約書（抄）の例

（企業（甲）が、自己の特定の業務についてこれを他社（乙）に委託する場合であって、甲のみが秘密情報を開示する場合の契約書の条項の例）

※各種メンテナンス業者等、一定の許可の下に、自社の秘密情報に接する可能性のある事業者に対しては、業務中に接する自社情報の漏えいの防止のため、業務委託契約の中で秘密保持を合意する必要があります。

> 第○条（秘密保持）
> 　１．乙は、本契約の履行にあたり、甲が秘密である旨を明示して開示する情

報及び本契約の履行により生じる情報（以下「秘密情報」という。）(*1) (*2)を秘密として取り扱い、次に定める場合を除き、甲の事前の書面による承諾なく第三者に開示してはならない。ただし、乙が書面によってその根拠を立証できる場合に限り、以下の情報は秘密情報の対象外とするものとする。
① 開示を受けたときに既に乙が保有していた情報
② 開示を受けた後、秘密保持義務を負うことなく第三者から正当に入手した情報
③ 開示を受けた後、相手方から開示を受けた情報に関係なく乙が独自に取得し、又は創出した情報
④ 開示を受けたときに既に公知であった情報
⑤ 開示を受けた後、乙の責めに帰し得ない事由により公知となった情報

2．乙は、甲より開示された秘密情報の管理につき、乙が保有する他の情報や記録媒体等と明確に区別して適切に管理するとともに、以下の事項 (*3)を遵守する。
① 秘密情報は本契約の目的の範囲内でのみ使用する。
② 委託期間満了時又は本契約の解除時には、秘密情報が記録等された記録媒体又は物件（複写物、複製物を含む。）を甲に返却、又は自己で廃棄の上、廃棄した旨の誓約書を甲に提出する。
③ 前号に関わらず、甲から返却また廃棄を求められたときは、秘密情報（第五号に基づく複写物及び複製物を含む。）を甲に返却、又は自己で廃棄の上、廃棄した旨の誓約書を甲に提出する。
④ 前二号に定める場合において、秘密情報が自己の記録媒体又は物件に記録等されているときは、当該秘密情報を消去するとともに、消去した旨（自己の記録媒体等に秘密情報が記録等されていないときは、その旨）、書面にて甲に報告する。

3．乙は、法令に基づき前項に規定する秘密情報の開示が義務づけられた場合には、事前に甲に通知し、開示につき甲の指示に従うものとする。

4．甲が乙に秘密である旨指定して開示する情報は、別紙の通りである。なお、別紙は甲と乙とが協力し常に最新の状態を保つべく適切に更新するものとする。

5．乙は、甲より開示された秘密情報の管理につき、乙が保有する他の情報や記録媒体等と明確に区別して適切に管理する。(*4) (*5)

第○条（再委託）
1．乙は、甲の事前の書面による承諾を得ずに、本業務の全部又は一部を第三者へ再委託してはならない。
2．前項の事前の書面による承諾に基づき本業務を再委託する場合には、乙は自己が負う義務と同等の義務を再委託先に対して書面にて課すとともに、甲に対して再委託先に当該義務を課した旨を書面により報告し、かつ乙は当該秘密情報の開示に伴う責任を負うものとする。
3．前項に加え、乙は再委託先から次の各号の承諾を得なければならない。

また、乙は、当該承諾を得た旨を甲に書面で報告する。
　　① 事故発生時には直ちに甲に対しても通知すること
　　② 事故再発防止策を協議する際には甲の参加も認めること
　　③ 再委託先における秘密情報の具体的管理状況の報告は、甲の閲覧も認めること
（*6）

(*1) 秘密保持の対象とする情報の定義と呼称（例えば、「企業秘密」、「秘密情報」など。）については、当該開示の趣旨や取引慣行等に応じて様々なものが考えられる。なお、上記では特に限定を付していませんが、秘密保持の対象となる情報の特定ができる場合には、できる限り具体的に行うことが重要です。

(*2) 秘密情報の対象をより明確化するためには、秘密保持の対象情報を別紙でリスト化し、随時更新することも考えられ、その場合には以下の規定を追加することも考えられます。

　　甲が乙に秘密である旨指定して開示する情報は、別紙のとおりである。なお、別紙は甲乙協力し、常に最新の状態を保つべく適切に更新するものとする。

　　また、口頭や映像等で情報が開示される場合に備え、以下の規定を追加することも考えられます。

　　乙が口頭により甲から開示を受けた情報については、改めて甲から当該事項について記載した書面の交付を受けた場合に限り、甲に対し本条各項に定める義務を負うものとする。

　　口頭、映像その他その性質上秘密である旨の表示が困難な形態又は媒体により開示、提供された情報については、甲が乙に対し、秘密である旨を開示時に伝達し、かつ、当該開示後○日以内に当該秘密情報を記載した書面を秘密である旨の表示をして交付することにより、秘密情報とみなされるものとする。

(*3) 上記の他、開示された秘密情報の具体的管理方法につき、以下のように定める例もあります。

　　① 秘密情報の管理責任者及び保管場所を定め、善良なる管理責任者の注意をもって保管管理する。
　　② 秘密情報を取り扱う従業員を必要最小限にとどめ、上記保管場所以外へ持ち出さない。
　　③ 秘密情報の管理責任者名、秘密情報を取り扱う従業員の氏名及び秘密情報の保管場所を、○年○月○日までに甲に報告する。また、報告内容に変更が生じた場合には、変更が生じた月に提出する第十一号の具体的管理状況の報告において、当該変更内容を甲に報告する。
　　④ 前号にて報告した秘密情報を取り扱う従業員に対して本契約の内容を周知徹底させ、秘密情報の漏えい、紛失、破壊、改ざん等を未然に防止するための措置を取る。

> ⑤ 甲の書面による承諾を得た場合を除き、秘密情報を複写、複製しない。
> ⑥ 事故発生時には直ちに甲に対して通知し、事故再発防止策の協議には甲の参加を認める。
> ⑦ 乙は、甲に対して、秘密情報の以下の具体的管理状況を毎月末に報告する。乙は、甲が乙の事務所における秘密情報の管理状況を確認するために、乙の事務所への立入検査を希望する場合には、当該検査に協力するものとする。また、甲は乙に対して是正措置を求めることができ、乙はこれを実施するものとする。
> (a) 委託契約範囲外の加工、利用の禁止の遵守
> (b) 委託契約範囲外の複写、複製の禁止の遵守
> (c) 安全管理措置状況

(*4) なお、委託業務の履行に伴い、乙から甲に開示がなされる乙の秘密情報がある場合には、乙の秘密情報の取扱いについての定めについても設ける必要があります。

(*5) 本契約の履行を通じ、乙の創意により新たに作成された情報の帰属について、以下のような定めを設ける例もあります。

> 第○条(乙が創出した秘密情報の帰属)
> 1. 本契約の履行にあたり、甲が開示した秘密情報に基づかずに、乙が創出した秘密情報は、乙に帰属する。
> 2. 甲は、当該示された秘密情報の秘密性を保全し、○○に用いるためにのみ使用することができる。
> 3. 甲は、当該秘密情報を第三者へ開示する場合又はその複製を作成する場合には、乙の事前の承諾を得るものとする。
> 4. その他当該秘密情報の取扱いについて疑義が生じた場合には、甲と乙とが協議することとする。

(*6) 以上のほか、秘密保持義務の違反時における損害賠償の責任(第4の第4条参照)を規定することは、情報漏えいを抑止する効果があります。

第7 共同研究開発契約書(抄)の例

(企業(甲)が、他社(乙)との間で特定の製品等の研究開発活動を分担する際の契約書の条項の例)

> 第○条(定義)
> 本契約書において、次に掲げる用語は次の定義によるものとする。
> ① 「研究成果」とは、本契約に基づき行われた本共同研究の目的に関係する発明、考案、意匠、著作物、ノウハウ等の技術的成果をいう。
> ② 「知的財産権」とは、次に掲げるものをいう。
> イ 特許法、実用新案法、意匠法、商標法、半導体集積回路の回路配置に関する法律、種苗法、著作権法に規定する各権利、及び外国におけ

　　　　る当該権利に相当する権利
　　　ロ　秘密とすることが可能な技術情報であって、かつ、財産の価値のあるものの中から甲と乙とが協議の上、特に指定するもの
第○条（資料等提供）
１．甲又は乙は、本共同研究の実施のために必要な情報、資材及び資料（以下「資料等」という。）を相互に無償で提供又は開示するものとする。ただし、第三者との契約により秘密保持義務を負っているものについては、この限りではない。
２．甲又は乙は、本共同研究完了後又は本共同研究中止後、相手方から提供された資料等（それに基づき新たに作成された資料等であって、甲と乙とが協議して指定したものを含む。）について、直ちに相手方に返還するものとする。
３．前項に定める場合において、自己の資料等に相手方の技術上又は営業上の情報が含まれているときは、甲又は乙は、当該情報を消去するとともに、消去した旨（自己の資料等に当該情報が含まれていないときは、その旨）、相手方に書面にて報告するものとする。
第○条（秘密保持）
１．甲又は乙は、本共同研究の実施にあたり、相手方より開示を受け、又は知り得た技術上若しくは営業上の一切の情報のうち、相手方が秘密である旨を明示したもの（以下「秘密情報」という。）(*1) (*2) について、本条第三項に定める場合を除き、第三者に開示又は漏えいしてはならない。ただし、開示を受けた当事者が書面によってその根拠を立証できる場合に限り、以下の情報は秘密情報の対象外とするものとする。
　①　開示を受け又は知得したときに既に保有していた情報
　②　開示を受け又は知得した後、秘密保持義務を負うことなく第三者から正当に入手した情報
　③　開示を受け又は知得した後、相手方から開示を受けた情報に関係なく独自に取得し、又は創出した情報
　④　開示を受け又は知得したときに既に公知であった情報
　⑤　開示を受け又は知得した後、自己の責めに帰さない事由により公知となった情報
２．甲又は乙は、前項に規定する秘密情報を本共同研究以外の目的に使用してはならない。ただし、書面により事前に相手方の承諾を得た場合はこの限りではない。
３．甲又は乙は、法令に基づき第一項に規定する秘密情報の開示が義務づけられた場合には、事前に相手方に通知し、開示につき可能な限り相手方の指示に従うものとする。
第○条（第三者との共同研究の禁止）
　甲又は乙は、相手方の事前の書面による承諾なしに、第三者との間で本共同研究と同一の目的となる研究を行ってはならない。
第○条（知的財産権の出願等）(*3)

1．甲又は乙は、本契約の有効期間中及びその失効後〇年間において、本共同研究により研究成果が生じた場合は、速やかに相手方に通知しなければならない。
2．甲又は乙は、前項に規定する研究成果に係る知的財産権については、原則として、甲乙双方の共有とし、その持分は原則として折半とするものとする。
3．甲又は乙は、前項に規定する研究成果に係る知的財産権の出願又は設定登録の申請（以下「出願等」という。）を行う場合には、共同で出願等するものとする。
4．甲又は乙は、前項に規定する知的財産権の出願等の手続及びその権利保全に要する一切の費用について、原則として、折半して負担するものとする。
5．甲又は乙は、前項に規定する費用を負担しないときは、当該知的財産権に係る自己の持ち分を相手方に譲渡するものとする。譲渡に必要な事項は、別途、甲と乙とが協議して定めるものとする。
6．甲又は乙は、外国において知的財産権を出願等する場合には、別途甲と乙とが協議して、これを定めるものとする。

第〇条（研究成果の公表等）
　甲又は乙は、本契約の有効期間中及び契約終了後〇年間は、本共同研究によって得られた研究成果を公表又は第三者に開示しようとする場合には、その内容、時期、方法等について、書面により事前に相手方の承諾を受けるものとする。

第〇条（研究成果の実施）(*4) (*5)
1．本共同研究の研究成果及び第〇条（知的財産権の出願等）の規定による共有の知的財産権について甲又は乙以外の第三者（それぞれの子会社を含む。）に実施させる場合には、予め甲と乙とで協議し、実施の可否及びその条件等を定めるものとする。
2．前項の規定に基づき、共有の知的財産権を第三者に実施させた場合の実施許諾料は、当該知的財産権に係る甲及び乙の持分に応じて、それぞれに配分するものとする。

第〇条（持分の譲渡）
　甲又は乙は、本共同研究の結果生じた知的財産権の持分を第三者に譲渡する場合には、書面により事前に相手方の承諾を受けるものとする。

第〇条（利用発明等）(*6)
1．甲又は乙は、第〇条（知的財産権の出願等）に規定する発明の利用発明又は改良発明（以下「利用発明等」という。）をし、これらについて知的財産権の出願等をしようとするときは、その内容を相手方に書面で事前に通知しなければならない。
2．甲又は乙は、前項による通知があったときは、甲と乙とで協議し、当該利用発明等の取扱いについて決定する。

第〇条（有効期限）

> 本契約の有効期限は、本共同研究の実施期間とする（平成○年○月○日から平成○年○月○日まで）。ただし、第○条（知的財産権の出願等）及び第○条（研究成果の公表等）の規定は当該条項が定める期間、第○条（研究成果の実施）、第○条（持分の譲渡）、及び第○条（利用発明等）の規定は第○条（知的財産権の出願等）に規定する知的財産権の存続する期間中、第○条（秘密保持）の規定は本契約の有効期間満了後もなお○年間有効に存続するものとする。
> (*7)

(*1) 秘密保持の対象とする情報の定義と呼称（例えば、「企業秘密」、「秘密情報」など。）については、当該開示の趣旨や取引慣行等に応じて様々なものが考えられる。なお、上記では特に限定を付していませんが、秘密保持の対象となる情報の特定ができる場合には、できる限り具体的に行うことが重要です。

(*2) 秘密情報の対象をより明確化するためには、秘密保持の対象情報を別紙でリスト化し、随時更新することも考えられ、その場合には以下の規定を追加することも考えられます。

> 甲が乙に秘密である旨を指定して開示する情報は、別紙のとおりである。なお、別紙は甲と乙とが協力し、常に最新の状態を保つべく適切に更新するものとする。

また、口頭や映像等で情報が開示される場合に備え、以下の規定を追加することも考えられます。

> 甲又は乙が口頭により相手方から開示を受けた情報については、改めて相手方から当該事項について記載した書面の交付を受けた場合に限り、相手方に対し本規程項に定める義務を負うものとする。

> 口頭、映像その他その性質上秘密である旨の表示が困難な形態又は媒体により開示、提供された情報については、開示者が相手方に対し、秘密である旨を開示時に伝達し、かつ、当該開示後○日以内に当該秘密情報を記載した書面を秘密である旨の表示をして交付することにより、秘密情報とみなされるものとする。

(*3) 当該共同研究の目的や契約当事者の分担業務等に応じ、例えば、相手方から情報提供や援助等は無く単独で開発した研究成果の帰属について当該開発者の単独とすること等を定めることも考えられます。

(*4) 当該研究の目的や契約当事者の事業分野等に応じて、研究成果の実施については、例えば次のように、その実施の在り方について具体的に定めることなども考えられます。

> 第○条（研究成果の実施）
> 1. 本共同研究の研究成果の実施については、次のとおりとする。
>   ① 甲がＸＸＸ（製品名）の製造を行い、乙が同ＸＸＸ（製品名）を搭載したＹＹＹ（製品名）の販売を行う。
>   ② （省略）

> 2．前項に定めるほかは、甲と乙との協議により、その実施者と条件を定めるものとする。

(*5) 本条項は、甲及び乙それぞれが研究成果を実施する場合を前提としているが、例えば甲が研究成果を実施しない場合には次のような条項となることが考えられます。

> 第○条（研究成果の実施）
> 1．乙が本共同研究の研究成果を実施しようとする場合には、その旨を事前に文書により甲に通知しなければならない。
> 2．乙の実施に際して、甲は自己実施をしないことから、乙は、甲と乙とが別途定める実施契約に基づき実施料を甲に支払わなければならない。

(*6) 共同研究開発の目的や研究成果に含まれる事項の性質等から、一定の利用発明や改良発明がなされることが予想され、そうした利用発明や改良発明を独自に実施することが企図されているような場合等においては、当該利用発明や改良発明の出願等については協議を要することなく、単独で行うことができる旨を定めることなども考えられます。

(*7) 以上のほか、秘密保持義務の違反時における損害賠償の責任（第4の第4条参照）を規定することは、情報漏えいを抑止する効果があります。

田中勇気（たなか・ゆうき）
2000年東京大学法学部卒業。2002年弁護士登録（第一東京弁護士会）。石嵜信憲法律事務所（現：石嵜・山中総合法律事務所）を経て2004年アンダーソン・毛利・友常法律事務所入所。2011年パートナー就任。2009〜2010年経済産業研究所(RIETI) 企業法研究会委員、2015年日本経済団体連合会 組織変動労働関係プロジェクトチームメンバー、経済産業省 企業の機密情報の管理手法等に係るマニュアルの策定に向けた研究会委員。

営業秘密防衛Q&A
－内部不正による情報漏洩リスクへの実践的アプローチ

著者◆
田中勇気

発行◆2017年1月30日 第1刷
　　　2020年3月30日 第2刷

発行者◆
讃井暢子

発行所◆
経団連出版
〒100-8187 東京都千代田区大手町1-3-2
経団連事業サービス
URL◆http://www.keidanren-jigyoservice.or.jp/
電話◆[編集]03-6741-0045　[販売]03-6741-0043

印刷所◆サンケイ総合印刷

©Tanaka Yuhki 2017, Printed in JAPAN
ISBN978-4-8185-1609-0 C2034

経団連出版　出版案内

就業規則モデル条文　第4版
上手なつくり方、運用の仕方

中山慈夫 著　　A5判 528頁 定価（本体4000円＋税）

企業実務の立場から就業規則を解説し、必要不可欠なモデル条文例を掲げて、その意味と現在の労働法令上の根拠を示しました。第4版は「働き方改革関連法」を踏まえて改訂し、ハラスメント対応、副業、時間外労働の上限規制なども取り上げました。

テレワーク導入の法的アプローチ
トラブル回避の留意点と労務管理のポイント

末 啓一郎 著　　A5判 176頁 定価（本体1600円＋税）

テレワークとはどのようなものかを整理し、法律実務家の観点からテレワーク導入で生じる弊害や労使関係上の問題への対処法、業務体制の整備、社内規定や就業規則の整備なども取り上げ、テレワーク導入を効果的に進める方策を詳細に解説します。

職務発明制度Q&A
平成27年改正特許法・ガイドライン実務対応ポイント

経団連産業技術本部 編著
A5判 120頁 定価（本体1300円＋税）

平成27年に約90年ぶりの大改正となった特許法と、28年4月に公表された新たなガイドラインに完全対応し、わかりやすいQ&A形式で解説しました。

実例解説 企業不祥事対応
これだけは知っておきたい法律実務

西村あさひ法律事務所・危機管理グループ 著
A5判 256頁 定価（本体2000円＋税）

危機管理対応に関する数々の事案に取り組んできた専門家が、不祥事発覚後の対応のみならず、問題の原因追及や発生防止策までをQ&A形式でわかりやすく解説します。

http://www.keidanren-jigyoservice.or.jp